ANTES QUE A MORTE NOS SEPARE

Desejo a você que comprou este livro, paz, saúde, amor e muita felicidade, são meus sinceros votos. Espero que este livro lhe auxilie a compreender melhor a vida nesta vida!

OSMAR BARBOSA

Pelo Espírito de Nina Brestonini

ANTES QUE A MORTE NOS SEPARE

OSMAR BARBOSA

PELO ESPÍRITO DE NINA BRESTONINI

Book Espírita Editora
2ª Edição
| Rio de Janeiro | 2018 |

ANTES QUE A MORTE NOS SEPARE

BOOK ESPÍRITA EDITORA

ISBN: 978-85-69168-06-5

Capa
Marco Mancen

Projeto Gráfico e Diagramação
Marco Mancen Design Studio

Ilustrações Miolo
Manoela Costa

Revisão
Josias A. de Andrade

Marketing e Comercial
Michelle Santos

Pedidos de Livros e Contato Editorial
comercial@bookespirita.com.br

Copyright © 2018 by
BOOK ESPÍRITA EDITORA
Região Oceânica, Niterói, Rio de Janeiro.

2ª edição
Prefixo Editorial: 69168
Impresso no Brasil

Todos os direitos reservados e protegidos pela Lei 9.610, de 19/02/1998. Nenhuma parte deste livro pode ser reproduzida ou transmitida por quaisquer formas ou meios eletrônicos ou mecânicos, incluindo fotocópia, gravação, digitação, entre outros, sem permissão expressa, por escrito, dos editores.

Outros livros psicografados por Osmar Barbosa

Cinco Dias no Umbral
Gitano – As Vidas do Cigano Rodrigo
O Guardião da Luz
Orai & Vigiai
Colônia Espiritual Amor e Caridade
Ondas da Vida
Além do Ser – A História de Um Suicida
A Batalha dos Iluminados
Joana D'Arc – O Amor Venceu
Eu sou Exu
500 Almas
Cinco Dias no Umbral – O Resgate
Entre Nossas Vidas
O Amanhã nos Pertence
O Lado Azul da Vida
Mãe, Voltei!
Depois...
O Lado Oculto da Vida
Entrevista com Espíritos - Os Bastidores do Centro Espírita
Colônia Espiritual Amor e Caridade - Dias de Luz

Agradecimento

Agradeço, primeiramente, a Deus por ter me concedido esse dom, esse verdadeiro privilégio de servir humildemente como um mero instrumento dos planos superiores.

Agradeço a Jesus Cristo, espírito modelo, por guiar, conduzir e inspirar meus passos nessa desafiadora jornada terrena.

Agradeço a Nina Brestonini e demais espíritos, a oportunidade e por permitir que estas humildes palavras, registradas neste livro, ajudem as pessoas a refletirem sobre suas atitudes, evoluindo.

Agradeço, ainda, aos meus familiares, pela cumplicidade, compreensão e dedicação. Sem vocês ao meu lado me dando todo tipo de suporte, nada disso seria possível.

E agradeço a você, leitor, que comprou este livro e com sua colaboração nos ajudará a conseguir levar a Doutrina Espírita e todos os seus benefícios e ensinamentos para mais e mais pessoas.

Obrigado.

A todos, os meus mais sinceros agradecimentos.

Osmar Barbosa

> Recomendamos a leitura de outras obras psicografadas por Osmar Barbosa para melhor familiarização com os personagens deste livro.
>
> O Editor

Conheça um pouco mais de Osmar Barbosa
www.osmarbarbosa.com.br

"A missão do médium é o livro.
O livro é chuva que fertiliza lavouras imensas,
alcançando milhões de almas."

Emmanuel

Sumário

19 | DESPEDIDAS
33 | AS COLÔNIAS ESPIRITUAIS
47 | DANIEL
53 | FAMÍLIA
75 | O OBSESSOR
85 | SOCORRO ESPIRITUAL
89 | A MISSÃO
95 | O PASSE
105 | A DOR
123 | PROTEÇÃO DIVINA
131 | VOLTA À VIDA
137 | O UMBRAL
143 | COLÔNIA DA REDENÇÃO
157 | SUPERAR-SE
165 | A VINGANÇA
171 | A MISERICÓRDIA DIVINA
181 | A FORMATURA
197 | SIMPLESMENTE AMOR

Despedidas

Enterros, velórios e missas de sétimo dia são ocasiões que nos fazem pensar, inevitavelmente. Estamos ali, vivos, na presença física ou espiritual da morte.

Em geral, ligados a ela por alguém amado ou conhecido que se foi.

Não dá para evitar a filosofia nessas horas – e um pouco de medo.

Dias atrás, despedi-me de um parente que partiu antes da hora. Entrei sereno no velório, reconheci velhos amigos, primos, tios, compadres e me sentei entre eles para esperar o enterro.

A cerimônia transcorreu sem sobressaltos até o final, quando o padre deu a palavra à companheira do morto. Emocionada, mas firme, ela leu umas poucas palavras. Essencialmente, disse que ele talvez não soubesse o quanto o admiraram, quanto o queriam aqueles que ele deixara para trás. Foi o que bastou para me inquietar.

Por causa das companhias de seguro, que vivem nos lembrando da fragilidade da existência, somos levados a pensar, de vez em quando, sobre o estado material da nossa vida. Se eu morresse amanhã, o que deixaria para trás? Está tudo certo, estão todos amparados, os papéis estão em dia? Terminei minhas declarações? Será que cumpri todos os meus desejos? Perdoei? Ajudei? Socorri? Amei? Fui justo?

Gente muito jovem não se preocupa com isso, mas basta ter filhos para que essas ideias, insidiosamente, nos visitem. É natural e até saudável. Só quem se acha eterno está isento de preocupações. Os outros temem.

Mas não foi isso que me inquietou no cemitério. O que as palavras da viúva evocavam era algo diferente, imaterial. Ela falava do legado emocional e afetivo do meu parente, agora morto.

Ela aludia, em seu breve discurso de despedida, ao que ele deixara sentimentalmente para trás – de forma incompleta – com os amigos, com a família, com a mulher. Suas palavras faziam pensar nas relações rompidas pela morte e no estado das relações com os que ficam.

Se morrêssemos amanhã, o que restaria sem ter sido dito? Muito, eu imagino. Nossas vidas estão repletas de relações pendentes.

Há os amigos, a ex-namorada, a prima com quem você não fala há muito tempo, embora isso o inquiete. Questões grandes ou pequenas esperam para ser resolvidas com o irmão, com o tio, com a amiga com quem você, talvez, não tenha agido direito, colega de trabalho, vizinho, colegas etc.

Dentro do círculo mais íntimo, mesmo ali, persiste a sensação de que nem tudo foi dito entre pai e filho, entre marido e mulher, entre namorados de longa data. Na avalanche estúpida das horas que se esvaem, tendemos a adiar conversas e encontros. Achando sempre que teremos uma oportunidade para ajustarmos os desajustes do dia a dia.

Eles não são urgentes, nos parece. Temos todo o tempo do mundo, nos iludimos. É natural que seja assim. Tudo o que está vivo é incompleto. Não é diferente com as relações humanas. Apenas o que acabou emocionalmente está concluído e encerrado. O resto segue nos assombrando com vírgulas, reticências e interrogações.

Aquilo que está vivo é uma possibilidade. Somente a morte coloca o ponto-final em algumas relações. Naquelas que mais importam, eu diria. Naquelas que nos inquietam e das quais nos cabe cuidar. Ao contrário das coisas materiais, é impossível resolver relações vivas. Elas podem ser cultivadas, saboreadas, vividas, mas não resolvidas. Elas prosseguem. Nunca haverá a conversa definitiva com aqueles que a gente ama. Talvez haja a última, mas isso não se sabe.

Sabemos da conversa mais recente. Da próxima, dessa deveríamos cuidar. Sempre haverá outro programa de televisão, outro filme, outro amigo chamando ao telefone – mas o momento deste encontro não se repete. As palavras que trocamos aqui (ou não trocamos) fazem diferença.

O que podemos fazer – e que talvez devamos fazer – é manter nossas relações em dia. Se alguma coisa trágica ocorrer, teremos rido juntos ontem, ou falado na semana passada sobre o filme. Talvez tenhamos discutido ao telefone – é inevitável –, mas dormimos abraçados, conversando baixinho.

Lembrei-me de comprar o presente no dia certo? Liguei naquela noite como prometido? Tomamos um porre medonho na sexta-feira? Conversamos longamente no carro durante a viagem? Andávamos na rua quando a chuva começou? Estivemos felizes? Estivemos bravos? Estivemos juntos? Foi bom?

Será que me faço entender?

As coisas materiais têm o poder de nos obrigar a agir. Os nossos sentimentos, estranhamente, não. Saímos todas as manhãs para o trabalho, ligamos para o advogado, trocamos e-mails com gente chata sobre o projeto que nos interessa. Mas não gastamos uma fração dessa energia para cuidar de coisas que nos são intimamente caras: o amigo de quem temos saudades, a ex-namorada que está na pior, a tia de que gostamos tanto. O cotidiano dos sentimentos e a rotina das relações são negligenciados. Ou tratados com menos importância do que deveriam.

Ao contrário do que parece, isso não constitui uma traição aos outros, mas a nós mesmos. Por isso, fiquei inquieto com as palavras da viúva. Tive a impressão de que minhas pendências são grandes. As contas e os impostos estão pagos, mas a vida emocional está atrasada. Se eu sumisse hoje, se eu morresse hoje, muitas palavras ficariam por serem ditas. Muitos abraços ficariam no ar. Pessoas queridas ficariam sem respostas. Tive a impressão, na despedida, de que há muito a fazer *antes que a morte nos separe* e que o tempo, afinal, não é tão longo assim.

Durante a despedida o padre falou que somos espíritos eternos. Se somos espíritos eternos, o que temos feito por nós mesmos nesse sentido?

Já perceberam como é difícil responder à pergunta *"quem sou eu?"*?

Para responder, buscamos identificar em nós possíveis qualidades e/ou defeitos: sou paciente, sou ansioso etc.; ou então, nos identificamos pela atividade profissional que exercemos; outras vezes, utilizamos nossa filiação: sou filho de fulano, neto de sicrano etc. E, às vezes, nos identificamos pelo estado civil: casado, solteiro etc...

No entanto, nenhuma dessas respostas vai ao fundo da questão. O correto seria perguntar *"o que somos?"*. E chegaríamos a uma descoberta incrível: somos espíritos! E, no momento, espíritos encarnados! Mas isso nos leva à outra dúvida: *"o que é o espírito?"*.

Essa foi uma das mais de mil perguntas que Allan Kardec fez aos Espíritos Superiores. E a resposta foi anotada e incluída em sua primeira obra: *"O Livro dos Espíritos"*.

É a pergunta 23, cuja resposta é profunda:

– *"Os espíritos são os seres inteligentes do Universo."*

Eles esclarecem que fomos criados simples e ignorantes, isto é, simples em relação à forma física e ignorantes em relação às Leis Divinas. Isso significa que, desde o momento em que fomos criados por Deus, num momento longínquo que não conseguimos compreender e nem determinar, teríamos pela frente um longo percurso a fazer, impulsionados pela Lei do Progresso, até atingirmos o estado atual.

Mas ainda nos falta muito até alcançarmos o aperfeiçoamento máximo, em direção ao Criador. Ao longo de nossa trajetória evolutiva, atingimos a idade da razão, já reencarnando como seres humanos, há cerca de 40 mil anos.

Durante esses milênios, o ser humano tinha apenas três preocupações básicas: comer, dormir e se reproduzir. Embora dotados de razão, já com possibilidade de escolher entre o certo e o errado, o bem e o mal, fomos acumulando mais erros do que acertos, na busca da satisfação dessas necessidades. Embora sejamos bilhões de criaturas aqui na Terra (encarnados e desencarnados), Deus cuida de nós como se fôssemos únicos! É imenso o cuidado que ele tem por todos nós. E não podemos nos esquecer de que o mesmo amor que ele tem por nós, tem igualmente por todos os seres da Criação. Não há privilégios, nem méritos sem conquistas. O que nos diferencia uns dos outros, perante o Criador, são nossas ações e reações.

Quando Jesus se reportou aos mandamentos das Leis de Deus (não são mandamentos, mas sim, ensinamentos!), Ele assim se pronunciou:

"Amarás o Senhor teu Deus, de todo o teu coração, de toda a tua alma, e de todo o teu entendimento. Esse é o maior e o primeiro mandamento. E o segundo, semelhante a este é: amarás ao teu próximo como a ti mesmo."

Identificamos nessas palavras três tipos de amor: o amor a Deus, o amor ao próximo e o amor a nós mesmos. O amor por nós mesmos é o ponto básico para que possamos amar nosso próximo. Se formos infelizes com nós mesmos, dificilmente saberemos fazer alguém feliz.

No entanto, que sensação maravilhosa quando estamos de bem conosco mesmos, satisfeitos com o que somos e com o que fazemos, em paz com nossa consciência, felizes por termos feito o máximo e o melhor possível ao nosso alcance, sem prejudicar a ninguém.

São essas pessoas a que se refere Jesus em Seus ensinamentos; são essas as pessoas capazes de proporcionar aos outros o bem que já conseguem fazer por si próprias.

Sabendo agora que somos espíritos eternos, o amor por nós mesmos ganha outros significados. Não se trata apenas dos cuidados de ordem material, necessários e passageiros, mas sim, os cuidados de natureza espiritual.

O Espírito Emmanuel diz:

"Podemos escapar da morte, mas não conseguiremos escapar da vida!"

Sendo assim, vale a pena fazermos a nós mesmos essa pergunta: o que tenho feito por mim mesmo, como espírito eterno que sou?

Deus nos ama profundamente, e apesar das nossas imperfeições, somos importantes para Ele. Se não fosse assim, Ele não nos teria criado, já que Ele não faz nada que não tenha uma finalidade útil.

Somos importantes para Ele e, embora sejamos imperfeitos ainda, a felicidade de alguém pode estar em nossas mãos...

Certa vez, em visita a um centro espírita, ouvi do palestrante que temos dois corpos em um só. Fiquei intrigado com as palavras dele, que nos dizia termos o corpo material, que é esse com o qual vocês se apresentam aqui; e o corpo espiritual, invisível a seus olhos, mas perfeito a todos os sentidos e sentimentos, e que habita o mesmo espaço.

E foi além, nos disse que deveríamos ter os mesmos cuidados com os dois corpos. Quando levamos nosso corpo físico ao *shopping* para passear e realizar compras, para onde estamos levamos nosso corpo espiritual? Será que estamos cuidando de ambos?

Quando compramos algo para melhorar nossa aparência física, como sapatos, calças, blusas e vamos ao cabeleireiro para melhorar nossa aparência exterior, onde estamos levando nosso corpo espiritual? Ou nossa alma? Quando é que cuidamos dela?

Será que, assistindo a uma missa aos domingos ou jogando flores no mar na virada do ano, estamos cuidando de nossa alma? Se você acredita que tem uma alma, sugiro que comece a pensar nos cuidados dela.

Nosso corpo espiritual é fluídico, e sendo assim o que temos que fazer é navegar em ondas de fluidos bons; isso, certamente nos alinhará para a felicidade atual e para as descobertas futuras.

Livrarmo-nos de pensamentos ruins já é o primeiro passo para cuidarmos de nossa alma. Normalmente, quando vivenciamos a morte de alguém, é a hora em que fazemos esse tipo de reflexão. Nisso os enterros e velórios atendem nossos anseios de pensarmos além dessa vida.

As despedidas são sempre um ponto de interrogação em nosso pensamento. Ficamos a olhar ali um corpo morto, que se finda nessa existência. Um sentimento de dó com um misto de saudade começa a nos incomodar.

Saber que aquela pessoa que está ali não será mais enxergada e nem ouvida nos deixa um vazio, e nos faz buscar dentro de nosso interior respostas para nossa existência.

Para onde vamos? Somos eternos? Em que condições estaremos em outra vida? De onde vim? Para onde vou? Como serei recebido pelos que foram na frente? Será que os encontrarei? Existe outra vida além desta? Será que minhas atitudes me reservam um bom lugar na vida eterna ou futura? Minhas atitudes, meus gestos, minhas palavras estão contribuindo para uma vida melhor? O que tenho e devo fazer, então, para que tudo dê certo para mim e para que todos os que ficam não sofram?

Queridos leitores, trago nestas páginas uma história que certamente irá falar ao seu coração. Os desafios vividos por Flávio e Letícia certamente irão mexer com seus sentimentos mais profundos e nos mostrarão que podemos acender uma chama eterna de amor e superação em nossas vidas.

Boa leitura!

Osmar Barbosa

"Se tiver que amar, ame hoje. Se tiver que sorrir, sorria hoje. Se tiver que chorar, chore hoje. Pois o importante é viver hoje. O ontem já foi e o amanhã talvez não venha."

André Luiz

As Colônias Espirituais

Existem no mundo espiritual lugares que chamamos de colônias espirituais, mundos transitórios ou os identificamos com outros tantos nomes.

Deus, em Sua perfeição, não permite que nenhum filho Seu sofra ou fique desamparado no momento de transição entre a vida física e a vida espiritual.

Deus não penaliza Seus filhos, Ele simplesmente cria elementos e situações em abundância que auxiliem todos, sem distinção, a evoluírem para a perfeição. O mecanismo da reencarnação é a forma mais correta de ajustarmos nossos desacertos das vidas anteriores, para a vida pregressa. Quantas forem necessárias à nossa perfeição.

Fomos criados simples e ignorantes, como visto antes, e a forma evolutiva é a maneira inteligente de todos alcançarem os estágios mais evoluídos da alma. Decerto que a perfeição de Deus é inatingível, isso sabemos! É por meio das reencarnações que alcançamos nosso estado evoluído.

Justiça de Deus

É por meio dela que depuramos nossas imperfeições até atingirmos a perfeição, tão desejada pelo Criador. As colônias são lugares de refazimento e recuperação, encontros e ajustes. São os espíritos evoluídos que administram essas colônias. Espíritos que já passaram por milhares de encarnações e que compreenderam o motivo da vida na Terra, ajustaram-se e adquiriram a perfeição. Todos nós conhecemos ou já ouvimos falar de pessoas maravilhosas, bondosas, caridosas etc.

Esses são espíritos que estão terminando seus ajustes para depois auxiliarem na obra de Deus em outros lugares.

Evolução contínua

Algumas colônias preparam os espíritos para uma nova vida na Terra, o que chamamos de reencarnação; outras, são de descanso; outras, de refazimento perispiritual; algumas, para reequilíbrio; e muitas outras mais foram criadas pelo amor e pela misericórdia divinos.

Nossa história vem da Colônia Amor & Caridade, presidida pelo Frei Daniel, tendo como Mentora Catarina de Alexandria.

Essa Colônia é composta por treze grandes galpões, dos quais três dedicados à recuperação, transição e realinhamento por meio de terapias do sono e passes dados por espíritos auxiliares.

Outros quatro galpões servem de enfermaria, onde pacientes na idade adulta que desencarnam em hospitais, vitimas de câncer, são acolhidos.

Outros dois são especialmente destinados às crianças, também vítimas de câncer.

Há um outro, o maior de todos, onde funciona o setor administrativo, com amplas salas e teatros, onde são feitas as reuniões com espíritos que estão espalhados sobre a Terra em casas espíritas, centros cirúrgicos de hospitais.

Os três galpões que faltam mencionar funcionam como Centro de Treinamento e Escola.

Há, em toda a colônia, amplos jardins, lagos e praças, onde os espíritos recolhidos se encontram para lazer e orações contemplativas. As praças são extensas e gramadas, com diversos brinquedos semelhantes aos da Terra para as crianças. Centenas de espíritos desta colônia trabalham entre nós, em centros espíritas, hospitais, igrejas e orfanatos. Auxiliam-nos em nossa evolução pessoal. Espalham sobre nós fluidos necessários a nosso equilíbrio na Terra, nos alinhando, nos protegendo e nos auxiliando a seguir em frente.

Muitos deles são mentores espirituais, ou o que chamamos de anjos da guarda.

"Não se turbe o vosso coração. Credes em Deus, crede também em mim. Na casa de meu Pai há muitas moradas. Se não fosse assim, eu vo-lo teria dito. Vou preparar-vos lugar."

João, cap. 14:1-2

Todos são mensageiros do bem, por vezes vêm em missão de ajuda e socorro a espíritos afinados com eles pelas vidas anteriores, e que ainda necessitam vivenciar o dia a dia da Terra para seu desenvolvimento pessoal e aperfeiçoamento espiritual, atingindo assim a tão esperada perfeição.

Colônia Amor & Caridade

Daniel, o dirigente da Colônia Amor & Caridade, vai ao galpão número três para conversar pessoalmente com Nina. Caminha a passos lentos como de costume, cumprimentando a todos os amigos que encontra pelo caminho. Logo chega ao local desejado.

– Olá, Nina!

– Oi, Daniel! Que bom vê-lo por aqui!

– Como estão as crianças? – pergunta Daniel.

– Estão todos muito bem.

– Que boa notícia, Irmã! Nina, preciso muito conversar com você sobre o Flávio e a Letícia.

– O quê? O que houve com eles? Aconteceu alguma coisa?

– Desculpe-me, Nina, eu não lhe avisei ainda sobre os acontecimentos mais recentes envolvendo o Flávio e a Letícia – diz Daniel.

– Não, Daniel, você não me falou nada sobre eles. Tenho acompanhado bem de perto a vida de Flávio e Letícia.

– Sim, sei disso perfeitamente. E por sinal, parabéns pelo excelente trabalho que você está fazendo!

– Obrigada, Daniel – agradece Nina.

– Nina, lembra-se de que quando Ernani foi encarnar, nós conversamos que em determinado momento você precisaria descer para ajudá-lo de uma forma mais ativa?

– Confesso, Daniel, que tenho cuidado de Letícia com muito carinho; afinal, sou quem trabalha com ela na casa espírita. Mas a questão dos filhos dela, quem toma conta são outros mentores.

– Sim, tenho observado seu trabalho bem de perto, mas deixe-me lhe dizer uma coisa: Nina, é chegada a hora de ir à Terra em missão de ajuda especial ao Ernani. E quero que permaneça por lá o tempo que for necessário a que tudo o que eles têm que passar se realize. Até que tudo se cumpra.

– Daniel, estou ao lado deles todas as semanas na reunião na casa espírita.

– Sei disso, Nina. Só que é chegado o momento em que toda a família irá passar por uma prova muito difícil, e você deverá dedicar-se a auxiliá-los bem de perto, permanecendo por alguns meses bem perto de todos.

– Compreendo. Quando deseja que eu vá?

– Dentro de alguns dias, eles passarão por uma prova muito difícil e é preciso que você os assista. Eu sei que você tem acompanhado tudo de perto, mas está chegando a hora do socorro. Perdoe-me ser repetitivo, mas é que não desejo magoar você.

– Que isso, Daniel, você nunca irá me magoar. Nós estivemos com eles dias atrás, o que está para acontecer?

– Chegou a hora de interferirmos para auxiliá-los nas provas finais pelas quais todos irão passar. Eles vão precisar de um reforço espiritual.

– Pode contar comigo, Daniel. Assim que chegar a hora, me avise, por favor.

– Está bem, Nina. Assim que chegar a hora, você parte e leva com você o Felipe.

– Pode deixar que vou avisá-lo da missão.

– Obrigado, Nina.

– Eu é que agradeço a oportunidade, Daniel.

– Bom, a conversa está boa, as crianças estão felizes. Agora deixe-me voltar aos meus afazeres.

– Vai com Deus, Daniel.

– Obrigado, Nina! Fique com Ele também. Até já.

Nina sorri gentilmente para Daniel, vendo-o afastar-se.

São costumes da Colônia Amor & Caridade que espíritos afins reencarnem na Terra em missão de ajuda. Eles reencarnam e experimentam as provas na vida terrena. Desta forma, ajudam outros espíritos a cumprirem as missões evolutivas, auxiliando-os em sua evolução pessoal.

Nina e Felipe são espíritos voluntários, e sempre que requisitados não refugam a missão de auxílio.

As missões os levam à frente de outros espíritos que não estão dispostos ao auxílio mútuo na Terra e preferem realizar trabalhos na própria colônia, evoluindo também de forma constante.

Reencarnar quase sempre é muito doloroso para os que já se encontram em estado melhor, mas sempre que requisitados para este tipo de missão, esses espíritos não refugam, pois sabem que isso é o que os eleva ainda mais nessa escalada evolutiva eterna.

Nina já passou por diversas encarnações na Terra. Já encarnou como freira, enfermeira, deficiente física entre tantas outras encarnações. Sempre em missão de auxílio, e outras de socorro. E foi exatamente por não recusar essas missões que ela se tornou o espírito evoluído que é.

Hoje, Nina é responsável pela ala das crianças na Colônia, que são por ela evangelizadas e levadas à Colônia Nosso Lar, e de lá encaminhadas para a reencarnação, ou para evolução em outros mundos. Ou até mesmo retornam à sua forma anterior de espírito pleno, recobrando sua condição evoluída.

Outras vezes, esses espíritos assumem a responsabilidade de serem os protetores, ou até mesmo mentores espirituais de amigos que estão ainda em missão na Terra. Nina, Felipe, Rodrigo e Daniel, entre muitos outros que estão em Amor & Caridade, exercem essa função com prazer e alegria.

Traços finos, cabelos avermelhados sobre os ombros, pequenas sardas no rosto e uma luz intensa no seu espírito, mostram a sua grandeza espiritual. Ela trabalha na evangelização de crianças dentro da Colônia Amor & Caridade e auxilia ainda pacientes resgatados em hospitais, vítimas de câncer. Em Amor & Caridade, Nina recebe-as e as encaminha para os mais diversos tipos de tratamento, é muito meiga e carinhosa com todos.

Felipe é seu companheiro nas diversas encarnações; são espíritos afins que nutrem um amor muito grande um pelo outro, por diversas encarnações.

Felipe é alto, de pele morena, cabelos negros e sorriso farto; é o companheiro de todas as horas de Nina. A solicitação feita por Daniel para auxiliar Flávio e Letícia é bem-vinda e oportuna.

Nina os conhece muito bem, pois além de ser a protetora de Letícia, é também mentora espiritual no centro espírita dirigido por Fernando.

Sente-se honrada com o convite de Daniel, e ansiosamente aguarda o momento certo para poder auxiliar de forma evolutiva seus protegidos.

Nina vai ao encontro de Felipe, que está em outro galpão cuidando de seus afazeres.

– Oi, Felipe!

– Oi, Nina!

– Daniel esteve há pouco comigo e nos requisitou para uma missão de acompanhamento na Terra.

– Você aceitou?

– Sim, aceitei, como sempre.

– Eu sei que você não foge das batalhas.

– Não é isso, Felipe, como você sabe, estou comprometida com essa colônia. E o pedido de Daniel é, para mim, uma ordem.

– Eu sei disso, Nina, só estava tentando descontrair você.

– Por que?

– Você me parece tensa.

– Pareço?

– Sim, seu semblante não é dos melhores.

– Jura, Felipe?

– Juro. Você me parece preocupada.

– Sim, estou realmente preocupada, mas não é com a missão.

– Então você está preocupada com quê?

– Não é nada não, deixe quieto.

– Ah não, Nina, me conte o que está acontecendo!

– Não é nada.

– Está bom, se não quer me contar, sem problemas – Felipe se mostra contrariado.

– Felipe, não fique assim.

– Assim como?

– Agora quem está com a fisionomia de aborrecido é você.

– Nina, você sabe que não tenho segredos com você, estamos juntos pela eternidade. Eu jamais esconderia alguma coisa de você.

– Não estou escondendo nada de você. Só não quero falar agora.

– Tudo bem, sem problemas – Felipe se mostra triste.

Nina percebe a tristeza de Felipe e toma suas mãos com carinho.

– Felipe, vou lhe contar: estou assim porque a Giovana vai nos deixar. É isso.

– Nina, você se afeiçoa muito às crianças que chegam aqui. Pelo tempo, já era para você estar acostumada com essas despedidas. Giovana é uma menina linda que chegou aqui muito abalada pela saudade de seus pais. Nós fizemos o que tinha que ser feito. Agora ela deve seguir adiante para continuar sua evolução.

Nina está com os olhos cheios de lágrimas.

– Não chore, Nina. Converse com Daniel e, quem sabe, ele deixa a Giovana mais algum tempo aqui?

– Não vou pedir isso ao Daniel, não é justo com a Giovana. Eu sei que ela tem que partir. Perdoe-me, Felipe, perdoe-me.

– Meu amor, não fique assim. Aproveite os momentos que você ainda tem com ela.

Secando as lágrimas dos olhos, Nina responde emocionada:

– É isso, Felipe. É isso, vou aproveitar os últimos dias com a Giovana antes de ela partir.

– Nina, você, mais do que ninguém, sabe que as despedidas não findam as relações. Nos separamos hoje e nos encontraremos amanhã, essa é a justiça divina.

– Eu sei, Felipe, passei por isso quando encontrei você no Umbral, quando estive lá para o resgate de Soraya.

– Bem lembrado, amor, nunca eu poderia imaginar que ficaria no Umbral sofrendo e que, na realidade, tudo estava preparado para nosso reencontro.

– Ainda bem que você existe em minha vida – diz Nina.

– Ainda bem que existimos eternamente um na vida do outro – diz Felipe, emocionado.

– Agora vamos ao que interessa.

– Sim, diga!

– Quando será a missão que Daniel tem para nós? – pergunta Felipe.

– Não sei precisamente quando desceremos, mas prepare-se para essa nova missão.

– Estarei esperando.

– Obrigada, Felipe.

– Te amo, Nina.

Nina volta para a ala das crianças, mais calma e serena.

Felipe recebe bem a notícia da missão e está, assim como Nina, ansioso para auxiliar Letícia.

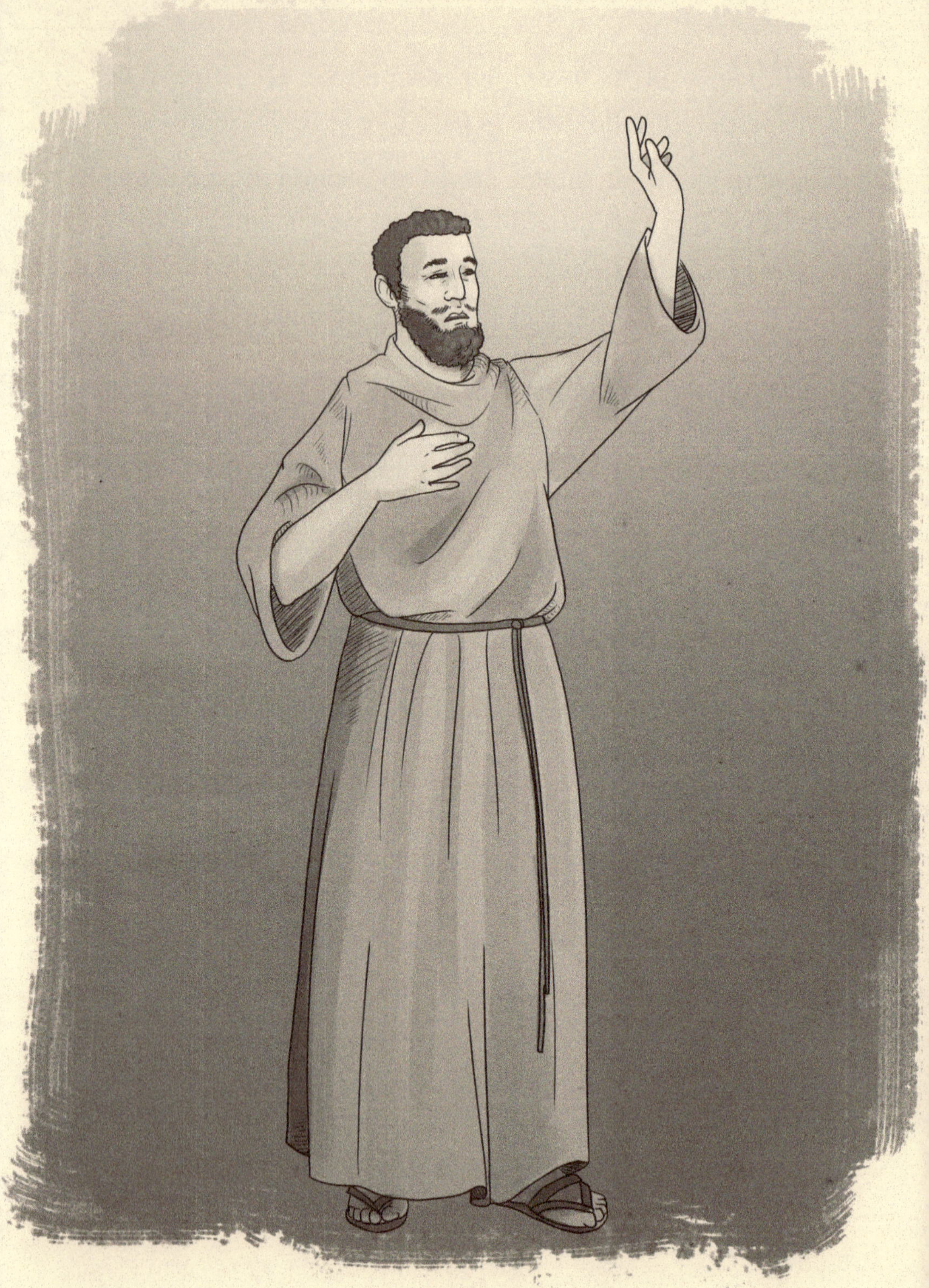

Daniel

Daniel é o presidente da Colônia Amor & Caridade. A Missão, por exemplo:

Passaram-se somente poucos anos desde a abertura da nova Missão capuchinha nas matas do Norte e Nordeste do Brasil e os frades lombardos que partem, praticamente, são sempre os primeiros.

Frei Daniel, com o ardor de seu jovem espírito, pede para ser enviado como um jovem missionário.

Os superiores aceitam seu pedido, e assim no dia 8 de agosto de 1898, não sendo ainda sacerdote, parte para o Brasil na companhia de outros frades jovens, cheios de entusiasmo como ele.

Acompanha-os nessa longa viagem o Superior Regular, Frei Reinaldo, que tinha ido à Itália a propósito, para procurar reforços. Este grande missionário será um dos mártires de Alto Alegre, somente três anos depois.

Ah, como é bonita, dura e exaltante a aventura missionária!

Em setembro, Frei Daniel chega ao Nordeste, e destinado à cidade de Canindé (Ceará), continua com fervor o estudo da Teologia, empenhando-se de corpo e alma para aprender a língua portuguesa a fim de entregar-se totalmente ao serviço do novo povo. No dia 19 de março de 1898, dia de São José, Frei Daniel é ordenado sacerdote, e alguns dias depois – exatamente no dia 25 do mesmo mês, dia da Festa da Anunciação – celebra sua primeira missa no Santuário de São Francisco das Chagas, em Canindé.

No início do século – 22 de fevereiro de 1900 – ele é transferido para a Colônia Agrícola de Santo Antônio da Prata, no Pará, como Diretor dos meninos indígenas que habitavam naquele Colégio. A este primeiro e específico trabalho, entrega-se com todo ardor, organizando com carinho e inteligência a vida das crianças: o amor de Cristo ferve em suas veias de jovem missionário.

No entanto, alguns acontecimentos relevantes, e muito tristes para a Missão, estão se preparando. Acontecerão dentro em breve para pôr à prova o desempenho, a coragem e as virtudes humanas e cristãs de Frei Daniel. No dia 13 de março, de fato, nas primeiras horas do amanhecer, acontece uma tragédia horripilante: quatro frades, sete freiras, também capuchinhas, e de 250 a 300 fiéis cristãos são massacrados cruelmente pela fúria homicida de um grupo de índios Guajajara, que não toleravam as normas disciplinares introduzidas pelos missionários e tinham fechado, havia tempos, os olhos à santa novidade do Evangelho.

Em face dessa hecatombe e dos cadáveres insepultos, horrivelmente deformados pela ação rápida e impiedosa do tempo e das feras, Frei Carlos sofre uma queda física e moral, perdendo irremediavelmente a memória e a capacidade de ação, de modo que toda a administração da Colônia Agrícola de Santo Antônio da Prata recai, improvisadamente, sobre os ombros do jovem missionário Frei Daniel, que tem vinte e cinco anos de idade.

São treze anos ininterruptos de apostolado santo e de realizações sociais que o deixam sem fôlego...

Tudo isso com uma força que lhe vinha da forte convicção de ter sido enviado pelo bom Deus em pessoa. Ele, ele mesmo, para anunciar o Evangelho, para ser o pai de todos aqueles colonos, de todos aqueles índios, no meio daquelas florestas...

Esse aspecto da vida de Frei Daniel passou decididamente em segunda linha: preferiu-se pensá-lo hanseniano, fechado no horror do Tucunduba, em lugar de missionário entregue a toda atividade... Mas também neste apostolado "aberto" ele demonstrou-se grande, excelso.

Por treze anos consecutivos Frei Daniel foi missionário

no verdadeiro sentido da palavra; e assim, nesse impulso, nunca deixou de sê-lo nem sequer entre os muros do leprosário. Por treze anos consecutivos cuidou dos índios e dos filhos deles de modo especial. Frei Daniel viveu com os índios mais do que todos os outros missionários, ao menos continuamente.

Frei Daniel é captado como hábil e disponível timoneiro que conduz os habitantes da selva para o esplendor da Cruz. Quantas viagens de ida e volta para Belém, a capital, a fim de obter recursos governamentais indispensáveis para a manutenção da Colônia! Quantas recusas e adiamentos! Quantos maus humores a serem acalmados por causa do dinheiro que não era liberado!

Daniel desencarnou aos quarenta e um anos de idade, no dia 25 de novembro de 1916, no retiro São Francisco, asilo para leprosos de Tucunduba. Nos dias de hoje, Daniel é o espírito iluminado que preside a Colônia de Catarina de Alexandria, denominada Amor & Caridade.

Daniel tem por assessores dezoito espíritos iluminados, que o auxiliam na organização e todo o funcionamento da colônia. Cada um de seus colaboradores tem responsabilidades por setores, muito bem organizados e que periodicamente se reúnem para tratar do acompanhamento de todos os espíritos que estão em Amor & Caridade. Em sua maioria são médicos que viveram na Terra e hoje cuidam, dentro de suas especialidades, dos pacientes da colônia. Alguns espíritos estão ligados pela eternidade, e na eternidade estarão sempre. São espíritos que não refugam missões evolutivas. Há em Amor & Caridade uma centena de espíritos assim, desejosos de missões evolutivas, mas Daniel confia a Nina e Felipe as missões mais complicadas. Conhece a capacidade de ambos em suportar as provas e assim sempre que necessita os requisita.

Há, ainda, nessa colônia espíritos que dirigem algumas casas espíritas como mentores de médiuns dispostos a ajudar seus semelhantes com profunda e sincera caridade, auxiliando diversas pessoas desesperadas e com doenças no corpo físico e espiritual.

Várias casas espíritas estão preparadas para esse tipo de auxílio, por meio de atendimentos fraternos, passes, água magnetizada e cirurgias espirituais. Esses amigos auxiliam a todos, sem distinção, encarnados e desencarnados, a seguirem em frente no extenso caminho da evolução.

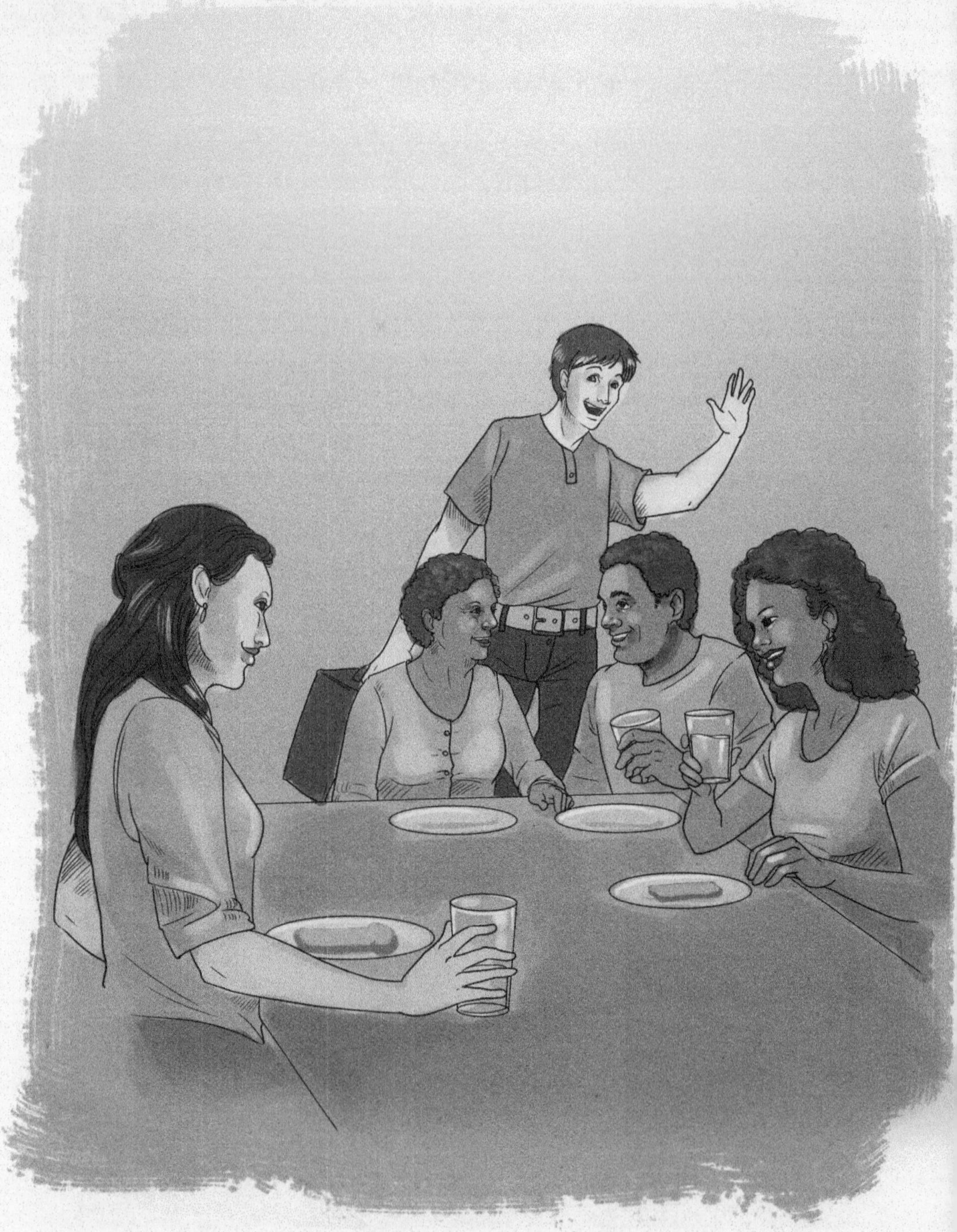

Família

Fortaleza, Brasil

– Bom-dia, Flávio!

– Bom-dia, mamãe!

– Onde está Letícia? – pergunta Flávio.

– Ainda no banho – responde Naira.

– Já preparei o café, sente-se e tome.

– Eu vou esperar Letícia. Onde estão os jornais, mamãe?

– Na mesa da sala – responde Naira.

Flávio vai até a sala, pega o jornal e caminha até a varanda. Senta-se em uma confortável poltrona de couro branca e põe-se a observar o lindo dia que se inicia.

– Bom-dia, Letícia!

– Bom-dia, Naira!

– Onde está Flávio?

– Foi à sala pegar os jornais.

– Você já acordou as crianças? – pergunta Letícia.

– Eles já estão vindo tomar o café. Eu já acordei os dois.

– Eles estão atrasados para a escola, você não acha? – pergunta Letícia.

– Não, não estão não, ainda estão no horário – responde Naira.

– Sente-se, tome o café que preparei – diz Naira a Letícia.

– Obrigada, Naira.

– Bom-dia, amor – chega Flávio dirigindo-se e beijando suavemente a face de Letícia.

– Bom-dia, querido – Letícia retribui o beijo dado com amor.

– E as crianças? – pergunta Flávio.

– Estão descendo.

– Hoje terão testes na faculdade? – pergunta Flávio, preocupado.

– Sim, hoje é dia de provas – diz Letícia, passando manteiga em uma torrada.

– E você os acompanhou nos estudos? – pergunta Flávio.

– Flávio, eles não são mais crianças que precisam que eu fique vigiando nas tarefas da faculdade.

– Perdoe-me, querida, o tempo passa tão rápido, que mal percebo que nossos filhos já estão se formando.

– É, amor, o tempo passa rápido demais.

– Hoje temos reunião no centro espírita, você vai? – pergunta Letícia.

– Pretendo ir, querida, se eu conseguir sair cedo do mercado; irei sim, com certeza, estou mesmo precisando tomar um passe. E, além disso, tenho que conversar com o Fernando para tratarmos dos assuntos da instituição.

– Pois é, já faz duas semanas que você não vai, e todos estão perguntando por você.

– Lamento, querida, mas o movimento tem aumentado muito; e não confio no Geraldo, para deixar o mercado nas mãos dele. Ele até que é um bom rapaz, mas é muito distraído e isso me incomoda.

– Você tem que confiar mais nele e procurar fazer suas coisas também, só o trabalho não adianta.

– Eu sei, querida, perdoe-me, vou me esforçar para ir hoje.

– Começa às oito, estarei esperando você lá! – diz Letícia.

– Pode deixar, vou me esforçar para chegar cedo; tenho, inclusive, algumas coisas para tratar na secretaria também.

– Faça um esforço maior, querido, você sabe como é importante nos trabalhos da casa espírita.

– É, amor, eu sei – concorda Flávio.

Ernani entra na sala de jantar onde o café está sendo servido.

– Aí está meu rapaz, dá aqui um beijo no seu pai.

– Oi, pai! Bom-dia, mãe; bom-dia, vó!

– Bom-dia, amor! Dormiu bem?

– Sim, mãe, dormi bastante. Dormi bem.

– Oi, vó, me dá um beijo! – aproximando-se de Naira, Ernani abraça carinhosamente e a beija.

Sentindo-se feliz, Naira mal consegue esconder o amor que sente pelo neto.

Luíza aparece na porta da sala de café.

– Bom-dia, Luíza!

– Bom-dia, vó! Bom-dia pai; bom-dia, mãe!

– Bom-dia, amor, vocês têm prova hoje na faculdade?

– Sim, mãe, mas já estudei e estou preparada.

– Boa, filha! Fico muitíssimo feliz – diz orgulhoso Flávio.

– Deixe de bobeira, pai.

– Não é bobeira, eu já falei: me sinto o homem mais feliz do mundo com a família que temos. Cada dia sinto-me mais orgulhoso de vocês. Um filho médico e uma filha médica, que mais posso querer da vida?

– Isso mesmo, filho. Meus netos são maravilhosos, estudiosos e lindos – diz Naira, orgulhosa.

– Temos que ir, chega de bobagens e vamos. Minha primeira aula começa em meia hora, já estamos atrasados – diz Ernani.

– E você, está preparado, filho? – pergunta Letícia.

– Sim, mãe, estou preparado.

– Então vamos logo para que ninguém chegue atrasado.

– Vamos, gente – diz Flávio.

– Tchau, vó!

– Tchau, meus amores! Boa prova para vocês – despede-se Naira dos netos.

– Tchau, mãe – diz Flávio.

– Tchau, filho, vão com Deus!

Todos estão apressados, pegam suas coisas e saem. Ernani e Luíza são deixados na faculdade de medicina por Letícia, enquanto Flávio segue sozinho em seu carro para a loja central da rede de mercados que possui.

Letícia dirige-se para uma loja de roupas que possui na principal avenida da cidade.

Ambos são trabalhadores comerciantes, que desde novos dedicam-se à criação dos filhos e constituíram uma bela família.

Flávio e Letícia frequentam semanalmente uma casa espírita onde ajudam a fazer caridade para os mais necessitados. Letícia, desde nova, teve uma experiência muito grande com o mundo dos espíritos, sendo evangelizada pelos tios, já que Naira nunca gostou muito do espiritismo.

Flávio foi levado por Letícia para a doutrina. Sempre que pode, visita os amigos da casa espírita, e juntos, evangelizam seus filhos, praticando o evangelho no lar todas as segundas-feiras, sempre às 20 horas. Eles sabem da importância da evangelização e do compromisso com os espíritos amigos que participam e auxiliam nessas reuniões.

Sua mãe, Naira, não gosta que se fale de espiritismo dentro de casa, ela frequenta outra religião. Mas Flávio consegue que todos vivam em harmonia religiosa. Após uma conversa com sua mãe, ele a convenceu de que dentro de sua casa predominasse sua religião.

Inteligente e materna, Letícia não permite que as diferenças religiosas interfiram na vida familiar, sempre apoiando seu marido.

Educadora por excelência, vivencia todos os momentos de seus filhos, protegendo-os e auxiliando-os no que for necessário para a boa criação.

Algumas diferenças são claras em sua casa. Naira, sua sogra, sempre que pode, procura provocá-la e tenta tirar os conceitos morais dados por Letícia a seus filhos. Por diversas vezes Letícia tentou, com Flávio, convencê-lo de que sua mãe deveria ter a vida dela, e se possível que fosse internada numa casa de repouso para idosos, mas a saúde debilitada de Naira sempre preocupa Flávio, que prefere ir levando as coisas da forma que estão para proteger e auxiliar sua mãe em caso de emergência.

Oriundos dos sertões de Alagoas, se estabeleceram em Fortaleza nos anos 40. Seu pai, Antônio, começou um pequeno negócio de entrega de milho aos fazendeiros da época, e logo prosperou iniciando no ramo de mercado, oferecendo uma diversidade de mercadorias para todos. Flávio, que acompanhou o pai desde cedo, hoje administra as quatro lojas da família. É filho único e herdeiro natural de seu pai, Antônio, que desencarnou, vítima de um infarto fulminante.

O centro espírita que Letícia e Flávio frequentam fica num bairro próximo à sua casa. Começou com uma reunião entre amigos que decidiram comprar um pequeno imóvel para ali realizarem, semanalmente, reuniões para estudarem o evangelho de Allan Kardec, que nessa época era uma grande novidade para todos.

Nina é uma das mentoras desta casa espírita.

O dirigente da instituição, denominada Centro Espírita

Amor & Caridade, é Fernando, professor de Filosofia aposentado. Ele e sua esposa, Silvia, realizam um trabalho de muita caridade aos necessitados; e Flávio é o maior colaborador do grupo, sustentando regularmente a cantina e a cozinha da instituição.

Todas as noites são servidos cerca de cem pratos de sopa aos pobres da região e aos moradores de rua.

Agasalhos, roupas e cobertores são distribuídos na periferia da cidade pelo grupo coordenado por Fernando e Silvia.

Toda semana, Flávio manda que seus funcionários levem até a instituição caixas com legumes para a realização da já famosa sopa.

É uma instituição bem organizada que realiza um trabalho muito edificante na região e auxilia muitas pessoas.

Fortaleza é uma cidade que está em franco crescimento, e muitas oportunidades surgem a todo tempo. O sucesso financeiro de Flávio se dá pelo fato de ele ser um oportunista natural, pois tudo o que ele faz dá resultados surpreendentes.

O carinho e o apoio de Letícia o fazem um homem sensato, honesto e de excelente comportamento perante a sociedade local.

Em sua rede de mercados trabalham 296 funcionários,

muito bem tratados por ele, que administra de forma impecável os negócios da família.

Janaina é sua secretária, e a pessoa mais próxima, que cuida das contas das empresas. Geraldo é o encarregado geral das empresas de Flávio.

Geraldo é oriundo do Ceará e trabalha desde menino, ainda no tempo do seu pai, o falecido Senhor Antônio.

O pai de Geraldo, Senhor Francisco, era o responsável pelos negócios do então falecido Antônio, também uma espécie de encarregado geral do então primeiro mercado da família.

De geração em geração as famílias estão próximas há muito tempo.

Mas algo incomoda muito a Flávio. Ele não consegue aceitar nem conviver por muitas horas com Geraldo, alguma coisa o incomoda.

Muitas vezes tentou buscar dentro de si respostas para tamanha rejeição, mas segue levando como pode, para não contrariar sua mãe, que muito estimava o senhor, então falecido, Francisco.

Após um dia de trabalho, como de costume, Geraldo dirige-se a um bar próximo à sua casa, onde reúne-se com alguns amigos de infância para beber.

– E aí, Geraldo, como vai? – pergunta João.

– Estou bem, e você?

– Muito bem. Veio tomar uma pinga?

– Vim sim, estou precisando; hoje o dia foi daqueles.

– Quando é que você vai tomar vergonha na cara e deixar de ser escravo de seu patrão?

– Não sou escravo dele. Ele me paga para trabalhar no mercado.

– Como não? Desde menino você fica andando atrás dele como um cachorro sem dono abanando o rabinho. Deixa de ser bobo, homem! Aceita minha proposta, vamos resolver logo esse negócio.

– João, você sabe que muito devo à família de Flávio. Meu pai foi quem me levou para trabalhar com eles, ainda menino; eu e o Flávio somos amigos de infância. E vê se toma jeito, homem, não se deve roubar as pessoas. Devemos trabalhar e ganhar nosso pão com o suor de nosso rosto. Você fica aí nessa vida mole. Um dia a polícia ainda te pega, e aí você vai ver o que é bom.

– Trouxa é você! Já viu meu carro novo lá fora? Deixa de ser otário, cara! Tenho uma proposta que vai tornar você um homem rico – insiste João.

– Nem quero ouvir essa sua proposta – diz Geraldo.

– Tá vendo como você é bobão? Não quer nem ouvir, bobão! Fica aí se matando e o Flávio cada dia mais rico, com filhinhos se formando na faculdade. E seus filhos, já se formaram? Hein, ô bobão?

– João, deixe isso para lá, cuide de sua vida – diz Geraldo.

– Cuidar da minha vida, eu tô cuidando. E quer saber? Acabei de comprar uma casa na orla, bem pertinho da praia. E você olha aí, mora naquele barraco que seu pai deixou para você. Seu trouxa!

– Prefiro ser chamado de trouxa a ser ladrão.

– Você conhece alguém que me chama de ladrão? Faço meus negócios muito bem feitos. Estou aí cada dia com mais dinheiro e ninguém consegue me pegar e nem ao menos descobrir nada sobre mim. Trabalho bem, amigo; tenho dois companheiros que estão igual a mim, cada dia melhor. Deixe eu lhe pagar uma bebida?

– Não precisa, tenho meu próprio dinheiro – diz Geraldo, mostrando-se contrariado com a conversa.

– Eu faço questão de servir ao amigo. Ô Zé, traz uma garrafa para nós dois.

Durante toda a noite João e Geraldo bebem. A todo tempo João conta vantagem de sua vida, mostrando a carteira cheia de notas altas de cruzeiros.

– Vou embora – diz Geraldo, já alterado pelo efeito do álcool.

– Vai, amigo! E pense bem na proposta que lhe fiz.

– Tá maluco? Nem pensar nisso!

– Deixe de ser trouxa, cara. Pense direitinho, cara. Não tem risco nenhum, ninguém vai saber de nada.

Geraldo dá as costas para o amigo, que fica falando sozinho.

– Até, João!

– Até logo, amigo; e pensa, hein!

Durante toda a bebedeira, João propõe a Geraldo que passe informações sobre a rotina de Flávio; de como é guardado o dinheiro dos mercados e onde. Sobre quanto fica guardado e como funciona toda a empresa onde ele trabalha.

João vive de assaltos realizados com dois cúmplices, bandidos como ele.

Astuto e inteligente, age sempre com muita segurança e de forma discreta, sem deixar pistas para que seja alcançado.

João e Geraldo foram colegas de escola. Desde menino João sempre foi para o outro lado da vida. Encontram-se sempre no mesmo bar, no mesmo bairro e no mesmo horário. Por diversas vezes João propõe a Geraldo um assalto e promete dividir com ele o resultado da trama.

Mas não foi isso que Francisco ensinou a seus quatro filhos; outros três trabalham também nas lojas de Flávio, que acolheu toda a família sempre a pedido de sua mãe, Naira.

Na verdade, Geraldo sente-se muito incomodado com a vida que seu amigo leva, com dinheiro sobrando sempre. Isso desperta nele uma ganância fora do controle. Seus pensamentos ficam mexidos e por diversas vezes sente em seu peito uma enorme vontade de realizar e atender ao pedido do amigo.

Seus pensamentos vagueiam por longas horas.

"Com esse dinheiro eu poderia sair da miséria em que vivo, receber ordens nunca foi meu forte. Poderia satisfazer todos os meus sonhos e viver bem longe desse lugar... Vários amigos meus estão em São Paulo, e quem sabe se com essa grana eu fosse para lá, abandonasse tudo... Talvez eu fosse mais feliz... Não suporto o Flávio me dando ordens o dia todo, e nunca está satisfeito com meu trabalho... Desgraça... Vive reclamando de mim, como se eu fosse um inútil... Vou embora e pensar direitinho sobre isso. Se o plano for bom, acho que vou aceitar. Estou cansado de tanta humilhação."

Segue com pensamentos fortes sobre a possibilidade de participar do assalto e fugir para São Paulo, lugar onde ninguém o conhece, e viver feliz para sempre.

O que ele não percebe é que um espírito obsessor o está arrastando para praticar o mal.

Após a bebedeira no bar o amigo obsessor sente-se mais forte e poderoso, já que a bebida o fortalece. Ele consegue impor suas vontades ao obsediado. O espírito obsessor segue dando ordens em seu pensamento:

– Vamos, desgraçado! Vamos assaltar aquele miserável, você vai ficar rico.

Geraldo, sem perceber, faz as vontades de seu obsessor e resolve voltar ao bar para combinar tudo com João. Comprazendo-se com seu fiel obsediado, o espírito de Furlan sente-se feliz.

– Vamos, desgraçado! Vamos beber mais e combinar logo esse assalto.

Geraldo ouve a todo tempo seu obsessor o encaminhar para a desgraça. Sendo um homem de pouca fé, tudo fica mais fácil para o espírito das trevas. Caminha rapidamente com a boca sedenta e volta para procurar João.

– João, João, voltei, precisamos conversar.

– Que bom que você voltou, homem!

– Preciso conversar com você.

– Vamos sair daqui, as paredes têm ouvidos.

– Não, vamos falar aqui mesmo, preciso beber mais – insiste Geraldo.

– Calma, cara! Vou levar você para minha casa. Lá, podemos beber e conversar à vontade. Venha, vamos pegar meu carro.

Puxando Geraldo pelo braço, João o arrasta até uma rua lateral e dirige-se a seu possante carro novo.

– Venha, amigo. Você pensou direitinho na minha proposta, né?

– Sim, pensei bem, e acho que podemos ficar ricos – risos.

– Isso, é assim que se fala. Você vai ficar a vida toda dando dinheiro para seu patrão? Deixe de ser trouxa – insiste João, agora ajudado pelo obsessor Furlan.

– Isso é verdadeiro, amigo. Vou lhe passar todas as informações, daí você me dá a metade de tudo.

– Cale a boca. Vamos conversar sobre isso em local seguro.

– Tá bom, tá bom.

Furlan, o espírito obsessor, sente-se muito feliz. Enfim está conseguindo realizar sua vingança.

Por muitos anos Furlan persegue Flávio, por diversas encarnações guarda em seu íntimo um ódio que não o deixa se regenerar. Quer a todo custo vingar-se de Flávio e de sua família.

Sem perceber, Geraldo é o instrumento com que Furlan trabalha há muito tempo, preparando-o para ser o algoz de sua vingança.

– Que carrão bonito, hein, João?

– Viu? É assim que você vai andar – risos.

– Sim, quero comprar um igual a esse.

– Você vai poder comprar muito mais que isso, parceiro. – diz João após estacionar o carro em frente a uma linda casa à beira mar.– Vamos, entra aí – diz, abrindo a porta para Geraldo entrar.

– É isso que eu preciso nesta vida.

– Você vai ter... Pode ficar tranquilo, que você vai ter. Agora fique quieto e beba, tem cerveja aqui ó – diz apontando-lhe uma geladeira no bar da piscina.

– Beleza, tem até cerveja.

– Ando preparado, amigo; aqui podemos conversar melhor – diz João, agora animado com as informações que lhe serão passadas por Geraldo.

A casa é uma linda residência de frente para a praia, com móveis espalhados pela grande piscina, que fica entre jardins, logo na entrada principal da excelente residência.

– É aqui que você mora? – pergunta Geraldo.

– Sim, amigo, é aqui.

– Caramba! Esse negócio é bom mesmo, hein?

– Sim, amigo. Se trabalharmos direitinho, você poderá ficar rico igual a mim. Claro, depende muito de quanta grana ele tem guardado naquele cofre, lá no escritório central.

– Amigo, isso tem bastante; ele guarda muito dinheiro lá para pagar os fornecedores de frutas e legumes que chegam com as carretas do interior do estado. E além disso, ele não é muito de transitar com dinheiro vivo; para isso ele tem um grande cofre onde guarda todo o dinheiro dos mercados.

– Isso, é assim que se fala, Geraldo – risos.

– É, e tem outro cofre menor, onde fica o dinheiro para pagar os funcionários.

– E quando é que ele faz o pagamento dos funcionários?

– Na semana que vem, logo na segunda-feira.

– Isso, precisamos nos organizar para darmos o bote na hora certa.

— Só não quero estar por lá – diz Geraldo, preocupado.

— Fique tranquilo, você sabe as senhas dos cofres?

— As senhas ficam com Janaina, a secretária dele.

— Ótimo, vamos beber mais um pouco, que vou fazer uns contatos para organizarmos tudo.

— Posso beber este uísque aqui? – diz Geraldo, apontando para uma garrafa de uísque ainda fechada sobre o bar da piscina.

— Claro, amigo, vou pegar gelo para você. Afinal, você agora faz parte da família – risos.

Geraldo senta-se em uma cadeira confortável e fica a imaginar como será sua vida após o assalto. Sente-se feliz e ansioso para que chegue logo o dia em que ficará rico.

João vai até a sala pegar o telefone para ligar para os outros comparsas.

— Então, Geraldo, a que horas você acha melhor chegarmos lá para pegar toda a grana?

— Chegue logo cedo, porque os fornecedores chegam pela madrugada, e após descarregarem os caminhões ficam nas imediações do escritório esperando por Flávio para fazer os pagamentos.

— Que tal oito horas?

— Isso, oito horas é o ideal.

– Combinado então, faremos o assalto na próxima segunda-feira, às oito horas – diz João.

– E quanto será a minha parte no negócio?

– Amigo, somos três no total, quatro com você; e a distribuição é feita em partes iguais entre os quatro.

– Então estamos combinados, posso ficar mais um pouco aqui? – pergunta o embriagado Geraldo.

– Claro, amigo, descanse aí. Vou dar uma saída, e assim que voltar levo você para casa.

– Não se preocupe comigo, vou ficar aqui nesta piscina maravilhosa junto a esta garrafa – risos.

– Faça isso, que já volto.

– Ok.

João sai para encontrar-se com o resto do bando de assaltantes amigos, para acertar os detalhes da empreitada da segunda-feira.

Cansado e bêbado, Geraldo adormece deitado na espreguiçadeira da piscina, enquanto seu obsessor compraz com sua bebedeira.

– Isso mesmo, é assim que quero você. Faça todas as minhas vontades – risos.

Tudo combinado e acertado, os comparsas de João viajam a uma cidade próxima para buscar o armamento que será usado no assalto.

Geraldo é acordado por João.

– Ei amigo... Acorde, que vou levá-lo para casa.

– Isso aqui é tão bom, que nem dá vontade de ir embora.

– É, mas tem que ir, porque agora vou à casa de minha namorada. Sabe como é, né?

– Você pode me dar uma carona?

– Claro, amigo, já falei: vou levar você para casa. Agora vamos.

– Então vamos.

Após deixar Geraldo bêbado em casa, João sai com a namorada para comemorar a conquista do dia.

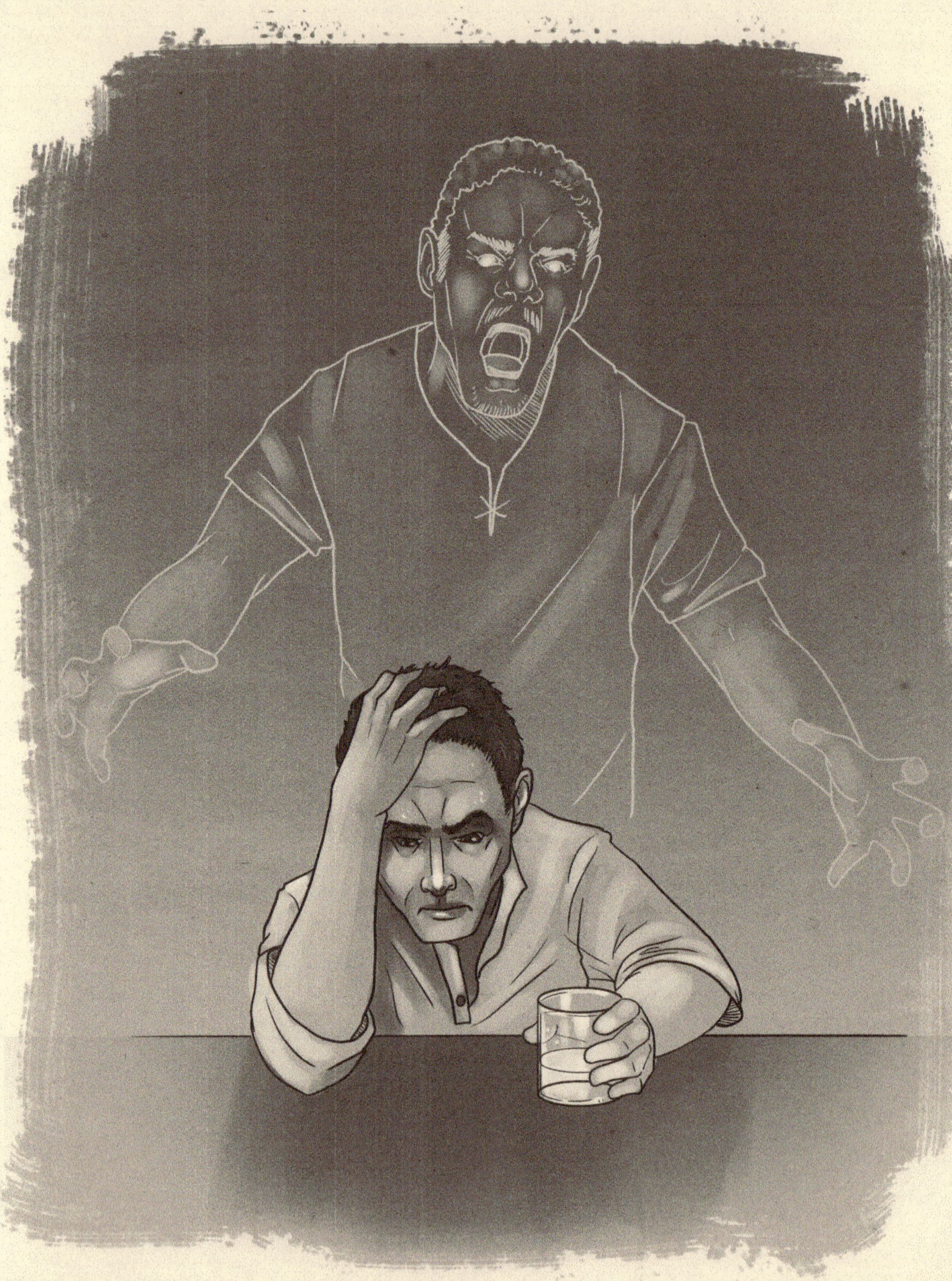

O Obsessor

1827.

– Furlan, seu desgraçado, você já recolheu as vacas do pasto?

– Ainda não, senhor, estou terminando de limpar as cocheiras.

– Olha, infeliz, já te falei: se alguma vaca minha cair no precipício, eu jogo você junto com ela lá embaixo.

– Sim, senhor. Pode deixar que tenho fé em Deus que isso nunca vai acontecer.

– Fé em Deus? Tenha mesmo muita fé em Deus, porque se eu perder uma vaca você perde a vida.

– Pode deixar, patrão. Pode deixar, que assim que eu terminar meus afazeres aqui vou tocar as vacas de volta para a cocheira.

– Vá, infeliz, termine logo suas tarefas e traga as vacas para dormir.

– Sim, senhor.

A Fazenda Ouro Verde, de propriedade de Nicolau, é uma das maiores produtoras de gado para corte no Mato Grosso. É administrada com punhos de ferro pelo encarregado Felix. Todos os peões que trabalham na propriedade temem muito o encarregado geral.

Felix é um homem duro, tido por muitos como um homem sem coração. Ignorante e arrogante, trata a todos com muita crueldade. Embora Nicolau conheça a fama de seu funcionário de confiança, nada faz para que as coisas mudem na administração da propriedade.

Felix é um homem de estatura mediana, nascido nos pampas, filho de peão boiadeiro, carrega sempre em sua cintura um revólver de calibre trinta e oito, sempre municiado, esperando uma oportunidade para usá-lo.

– Ledinho, vamos lá comigo para tocar a boiada de volta? – diz Furlan.

– Vamos sim, Furlan, deixa só eu pegar os cavalos.

– Vai lá, arreia dois cavalos e vamos tocar os bichos de volta.

Ledinho segue as orientações de Furlan e prepara dois cavalos para seguirem ao longo pasto e trazer de volta a boiada.

– Não sei como você consegue aturar o Felix falando assim com você – diz Ledinho, amigo fiel de Furlan.

– Ele é um infeliz, quer mostrar trabalho para o patrão, por isso faz isso.

– É, mas ele é muito ignorante; e isso é só com você, sabia?

– Sim, eu sei que ele não gosta muito de mim.

– Tenha cuidado com ele, amigo.

– Pode deixar, confio em Nicolau.

– Como assim, "confio em Nicolau"?

– Nicolau jamais vai permitir que ele me faça mal.

– Sei não, Furlan, sei não. Nicolau é igual a ele.

– Embora não pareça, Nicolau sabe de tudo o que acontece por aqui – diz Furlan.

– Mesmo assim, lhe peço que fique de olho nele. Ele é um homem muito mau.

– Tenho Deus em meu coração e a certeza de que nenhuma vaca vai cair lá embaixo.

– Nunca vi criarem vacas num lugar tão perigoso.

– Os animais têm instinto, Ledinho, eles têm instinto.

– Eu sei que têm, mas lá onde elas ficam é muito perigoso mesmo.

– Fazer o que, se é o único lugar em que o capim está verde.

– Verdade, a seca está maltratando a fazenda.

– Vamos logo antes que escureça.

– Vamos – diz o peão Ledinho.

A tarde cai rapidamente e sem que eles percebam, o tempo começa a fechar armando-se para uma grande chuva. Relâmpagos começam a assustar o gado, que corre em busca de abrigo.

– Vamos, Ledinho, vamos rápido! Temos que recolher os animais mais assustados antes da chuva.

Os peões correm montados em seus cavalos em direção à boiada assustada.

Em uma manobra rápida, Ledinho consegue ajuntar a maior parte do rebanho e direcioná-lo à fazenda.

Quatro vacas estão perto do precipício, e Furlan dirige-se a elas calmamente com seu cavalo em marcha lenta para não assustar os animais. Uma das vacas escorrega e fica presa a galhos secos sem cair no precipício. Ledinho, que assiste a tudo de longe, aproxima-se.

– Cuidado aí, Furlan! Cuidado com essa vaca!

– Não faz barulho, homem! Vou dar a volta por trás dela para assustá-la, e assim ela vai se desprender dos galhos e voltar para cima.

– Vai devagar, amigo – diz Ledinho, preocupado.

A chuva começa a cair torrencialmente sobre Furlan, Ledinho e os animais.

Calmamente Furlan desce do cavalo e segue por detrás da vaca para assustá-la. Em um gesto rápido ele, enfim, consegue salvar o animal, mas escorrega e cai no precipício.

Desesperado, Ledinho começa a gritar:

– Furlan, Furlan cadê você? Furlan, responda!

Após algumas horas desesperado e sem obter resposta do amigo, Ledinho decide ir à fazenda para pedir ajuda.

Fica indeciso sobre o que fazer: tocar a boiada ou deixar todo o gado para trás e buscar ajuda para Furlan?

– Meu Deus, o que faço?

Preocupado com a demora do retorno da boiada à cocheira, Felix procura Nicolau antes de tomar uma decisão.

Nicolau está sentado na confortável sala da fazenda.

– Senhor, com licença. Perdoe-me incomodá-lo, mas Furlan ainda não voltou com a boiada e está chovendo muito. O que o senhor acha que devo fazer?

– Só agora você me fala que as vacas ainda estão no pasto com toda essa chuva?

– Perdoe-me, senhor, mas já tinha ordenado a Furlan para buscar os animais.

– Felix, têm horas que você me surpreende com sua dedicação, mas têm horas que você me surpreende pelo seu desleixo com minha propriedade.

– Perdão, patrão.

– Vamos ver o que está acontecendo.

– Sim, senhor.

Nicolau se levanta rapidamente colocando as galochas, e ordena:

– Prepare os cavalos.

– Sim, senhor.

Nicolau vai até o armário e pega uma capa de chuva apropriada para cavalgada, e junto com Felix, dirigem-se para ver o que está acontecendo.

Rapidamente dirigem-se para o local. No caminho encontram Ledinho tocando a boiada sozinho.

– Patrão, patrão! Que bom esse encontro com o senhor!

– O que houve, Ledinho?

– Aconteceu uma desgraça, senhor.

Assustado e tremendo de medo de Felix, Ledinho quase não consegue falar.

– Desembucha, homem! O que está havendo?

– Aconteceu uma desgraça, senhor.

– Isso você já falou, agora me fale qual é a desgraça?

– Uma vaca estava caindo no precipício e Furlan correu

para ajudá-la e aí ele caiu no precipício. Chamei por diversas vezes e ele não respondeu. Daí saí tocando a boiada louco para chegar à propriedade e avisar o patrão.

– Onde foi que ele caiu?

– Lá no precipício, nos galhos secos.

– Vamos, Felix, vamos ver se achamos o homem. Ledinho, continue tocando a boiada até a fazenda.

– Sim, senhor.

– Nós vamos até lá para socorrer o homem.

– Obrigado, patrão! Salva ele, por favor.

– Pode deixar, agora vá.

– Sim, senhor.

– Felix, ajude Ledinho com a boiada. Eu não posso perder nenhuma vaca, anda logo que a chuva está aumentando.

– Sim, patrão, pode deixar.

Ledinho e Felix seguem tocando as duzentas cabeças de gado para a fazenda, ajudados pelos cães já treinados, enquanto Nicolau dirige-se para o local do acidente.

Após algum tempo, Nicolau chega aos galhos secos.

– Furlan! Furlan! – grita Nicolau com esperanças – Furlan!

Nenhum sinal do jovem boiadeiro.

Nicolau decide descer um pouco até próximo à parte mais alta do precipício tentando achar o peão.

A chuva é torrencial. Desce segurando em alguns galhos até que consegue avistar o peão desmaiado e ferido.

– Meu Deus, olha lá o homem. Furlan! Furlan! – grita Nicolau – Será que está morto? Como vou conseguir chegar até ele?

Nicolau sobe para um patamar mais alto e retira de seu cavalo uma corda e a prende a um grosso tronco de árvore. Espera assim conseguir descer até onde está o peão ferido.

Lentamente, com a corda presa à cintura, ele enfim consegue chegar a Furlan. Suas botas enlameadas dificultam a aproximação.

Lentamente ele vira o peão, que está de bruços e desmaiado, e coloca sua mão para ver se há vida. Consegue saber que o homem ainda está vivo, porém as duas pernas estão quebradas; percebe ainda que um dos braços está com fratura exposta.

Seus pensamentos variam sobre que atitude deve tomar.

– Caramba, ele está todo quebrado! Será que ainda me será útil? Acho melhor deixar esse infeliz morrer aqui mesmo, os urubus vão se encarregar de fazer o serviço. Como vou levá-lo para cima?

Nicolau senta ao lado do corpo e resolve fazer uma prece e entregar o corpo ainda vivo para Deus.

Sem pestanejar, voltou para cima deixando o pobre homem morrer ali, debaixo de chuva torrencial, sem ao menos tentar ajudá-lo.

Enfim, Furlan é esquecido pelo seu patrão, que chega à propriedade dizendo que o corpo caiu no precipício e que nada poderia fazer, pois não o encontrou para salvá-lo. Somente Ledinho lamentou a morte do amigo que morreu lentamente sem socorro material, mas que foi socorrido pelos espíritos amigos.

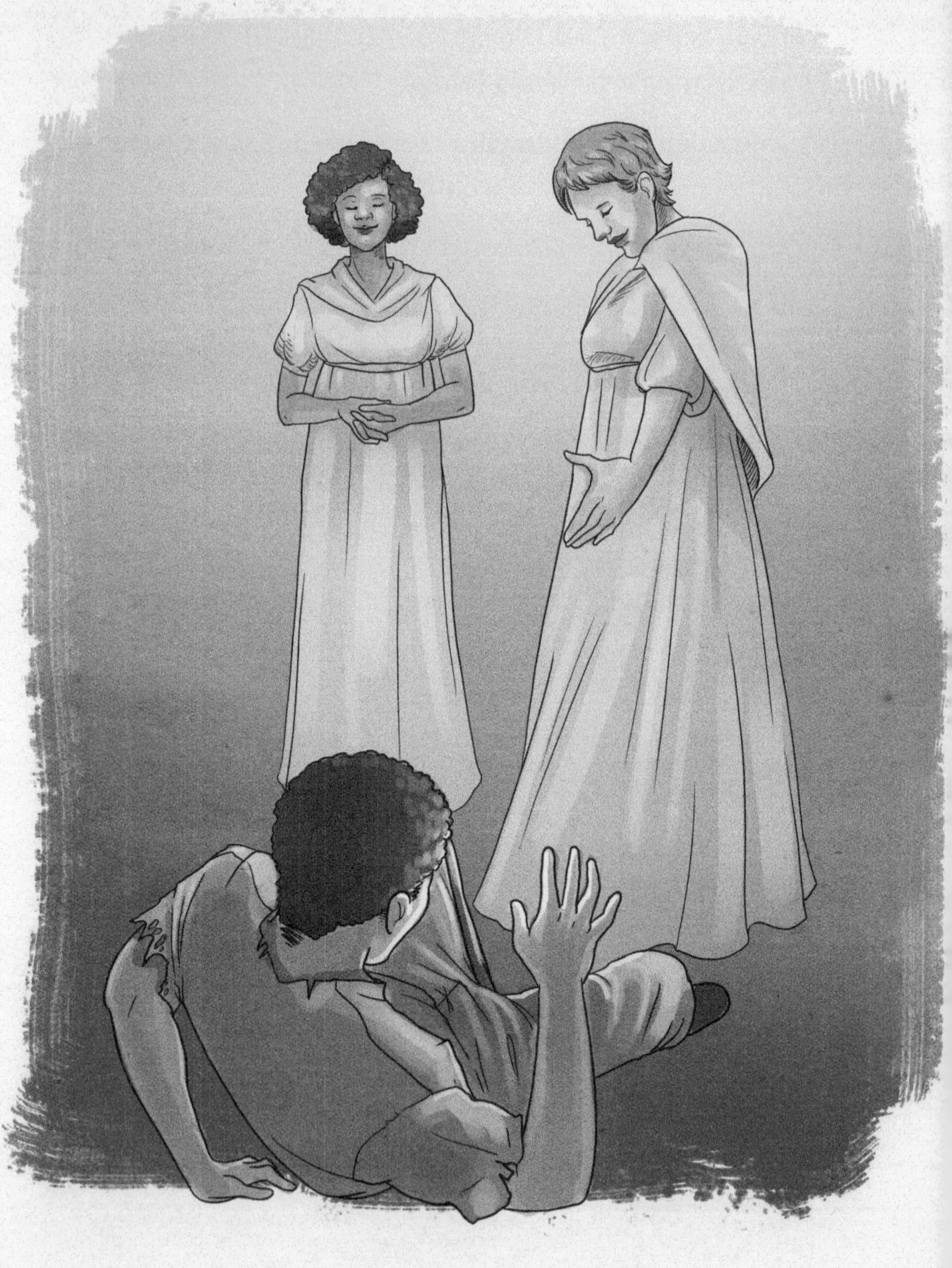

Socorro Espiritual

Densa névoa cobre o pobre corpo de Furlan.

– Venha, Furlan, venha, levante-se!

– Quem são vocês?

– Somos espíritos amigos e viemos buscar você.

– O que houve comigo?

– Você agora está entrando na vida espiritual e precisa confiar em nós, que vamos levá-lo para seu refazimento.

– Não, eu não estou morto, veja estou vivinho.

– Olhe para baixo e verá seu corpo físico morto.

Furlan olha para baixo e assusta-se com seu corpo morto.

– Meu Deus, o que é isso? Estou morto mesmo?

– Sim, seu corpo físico está morto, porém você sendo obra da Criação não morre.

– Como assim?

– Deus não mata seus filhos, é simples assim.

– Para onde eu vou agora?

– Você vai conosco para uma colônia espiritual, e lá iremos cuidar para que você readquira sua forma normal.

– Peraí, gente, quem são vocês? Será que estou sonhando?

– Não, você não está sonhando, você está morto para esta vida, porém vivo para a vida eterna. É assim as coisas de Deus.

– Eu não quero ir.

– Realmente essa decisão é sua, se não quer ir, nada podemos fazer. Mas saiba que colherá aquilo que semear; se decidir mesmo por ficar, encontrará seus desafetos e sofrerá aqui.

– Eu não tenho desafetos.

– Realmente, você sempre levou uma vida modesta e honesta, desta forma você não adquiriu inimigos, mas quando souber os motivos reais que o levaram à morte, isso poderá mudar sua forma de pensar e agir. Sendo assim, todas as suas decisões são só suas, e você responderá por todas elas. Lembre-se disso.

– Não quero ir, vou voltar para a fazenda e continuar com meus afazeres.

– Você não tem mais a forma física para realizar suas tarefas – diz o espírito amigo.

– Não importa, não vou e ponto final.

Os espíritos se entreolham e decidem afastar-se.

– Essa é a sua decisão? – pergunta pela última vez o amigo espiritual.

– Sim, essa é minha decisão.

– Fique com Deus. E se precisar, basta orar com toda a sua força, que voltaremos para lhe ajudar. Nunca sem esquecer-se de que as oportunidades são únicas e que nós realizamos nossa parte, agora cabe a você aceitar-se e procurar perdoar aqueles que lhe fizeram mal.

– Não preciso de ajuda.

– Fique com Deus, Irmão – assim os espíritos de luz afastam-se, deixando sozinho o espírito de Furlan.

Furlan retorna à fazenda e vê todo o acontecimento como em uma tela de cinema. O ódio toma conta de seu ser e decide obsediar Nicolau por toda a eternidade.

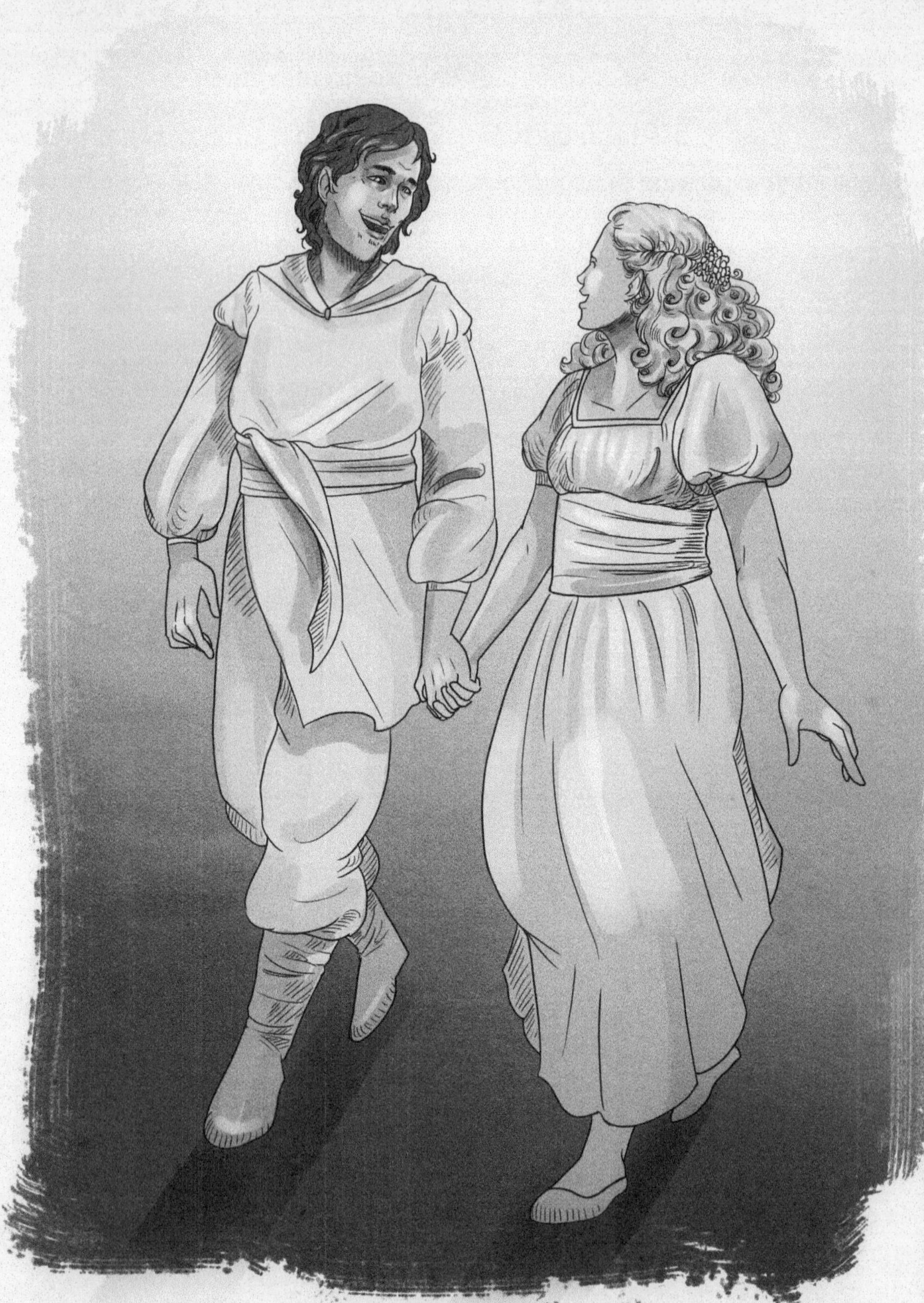

A Missão

Colônia Espiritual Amor & Caridade

Nina é procurada por Felipe, que entra na enfermaria preocupado.

– Nina, preciso falar com você.

– Diga, Felipe.

– Temos que conversar em particular.

– Como assim "em particular"?

– É que não quero que ninguém ouça o que vou falar.

– Venha até a minha sala e conversaremos lá – convida Nina.

Caminham em direção ao fundo do galpão onde existem algumas salas de atendimento.

– Sente-se, Felipe, o que houve?

– Nina, a missão com Flávio e Letícia que você me falou, acho que Daniel não lhe contou tudo.

– Como assim?

– Na verdade, existe um obsessor que está criando isso tudo.

– Sim, eu fui informada deste obsessor, eu sei de tudo.

– Você sabe?

– Sei dos fatos e dos acontecimentos.

– Mas não queremos que isso aconteça.

– Não nos cabe julgar, nossa missão é auxiliar – diz Nina.

– Mas não seria mais fácil se afastássemos Furlan deles?

– Seria, mas não é isso que nos foi solicitado por Daniel.

– Então, o que faremos?

– Felipe, fique calmo. Na pior hora estaremos ao lado de todos dando a proteção necessária para que tudo ocorra dentro dos desígnios de Deus.

– Eu sei, Nina! Sei disso tudo, mas têm horas que até eu não consigo entender as vontades dos iluminados.

– Não há vontades, o que há é causa e efeito, ação e reação.

– Eu sei disso, Nina, mas não seria mais fácil se nós interferíssemos e não deixássemos que isso acontecesse?

– Olha, Felipe, sinceramente acho que nós estamos em missões constantes e não nos cabe questionar as determinações dos iluminados, afinal têm coisas que ainda não nos é permitido ver e entender. Nós ainda somos espíritos imperfeitos, embora mais perfeitos do que muitos. É assim mesmo, o importante para nós é atender à solicitação de Daniel, isso é o que importa.

– Tá bom, vou me organizar para irmos à Terra.

– Faça isso.

Nina volta a seus afazeres enquanto Felipe sai para conversar com os protetores que estarão juntos em missão de ajuda. Tudo é organizado de forma a atender às determinações de Daniel.

"Toda vez que a Justiça Divina nos procura para acerto de contas, se nos encontra trabalhando em benefício dos outros, manda a Misericórdia Divina que a cobrança seja suspensa por tempo indeterminado."

Chico Xavier

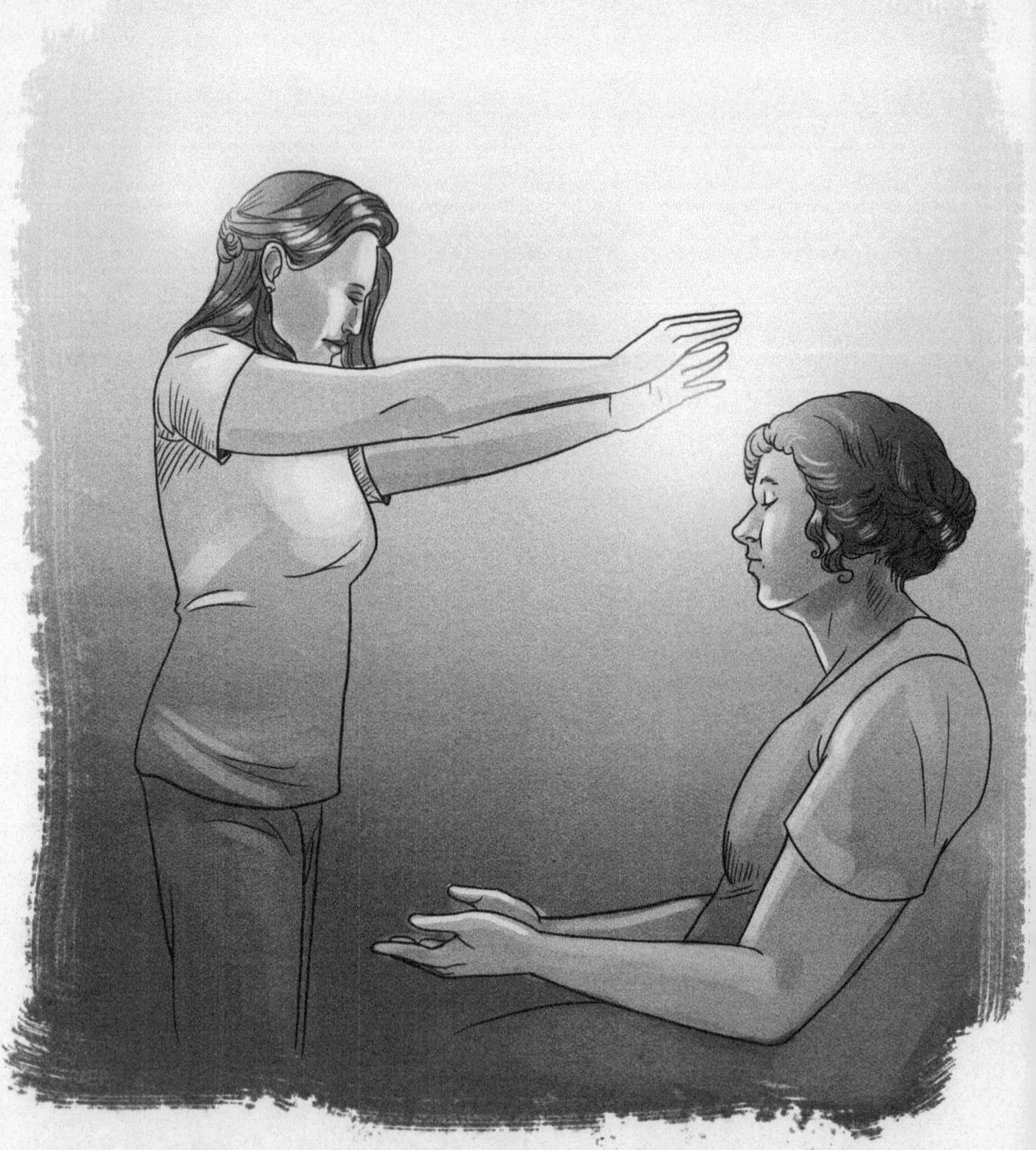

O Passe

– Doutor Flávio, a Luíza ligou perguntando se o senhor pode pegá-la na faculdade – diz Janaina.

– Diga que sim, Janaina, eu posso pegá-la.

– Vou avisar.

– Obrigado, Janaina.

– De nada, senhor.

Após o expediente, Flávio vai à faculdade pegar sua filha.

– Oi, filha, como foi seu dia?

– Normal, pai.

– E a prova?

– Não consegui fazer como queria.

– O que houve?

– Não sei, sinto-me incomodada com algo.

– Como assim?

– Sei lá, uma sensação estranha; parece que alguma coisa de ruim vai nos acontecer.

– Deus me livre, filha!

– Sabe quando a gente não se sente bem por dentro? É assim que estou me sentindo.

– Quer ir ao médico?

– Não, pai. Não é nada de médico, esqueceu que estou me formando?

– Desculpe, filha, mas fico preocupado.

– Me deixa em casa? – pede Luíza.

– Deixo sim, meu amor. Mas você não quer ir comigo ao centro espírita? Hoje é dia de passe. E será bom se você tomar um passe para afastar esses sentimentos.

– Boa ideia, pai, vamos ao centro espírita então.

– Só vou passar na casa do Fernando, para pegar uns livros que ele me pediu para levar para o centro, para serem distribuídos – diz Flávio.

– Tá bom, vamos sim, estou mesmo com saudades do tio Fernando.

– Então vamos, coloque o cinto de segurança, por favor.

– Tá bom.

Flávio passa na casa do dirigente do centro espírita e pega duas caixas com livros que são distribuídos aos que não têm condições de comprar.

E logo chegam ao centro espírita.

– Oi, amor, cheguei! – diz Flávio ao encontrar-se com Letícia.

– Que bom que você conseguiu vir!

– Sim, e trouxe Luíza.

– Ótimo, fico muito feliz.

– Oi, filha, vem me ajudar aqui na secretaria.

– Tá muito cheio hoje, mãe?

– Hoje receberemos aproximadamente duzentas pessoas para o passe.

– Caramba! Como isso aqui tá crescendo!

– Graças a Deus e a nossos amigos do plano espiritual.

– Sim, graças a Deus.

– Como foi a prova? – pergunta Letícia.

– Em casa a gente conversa, mãe. Vamos ao trabalho.

– Tá bom, filha, mas aconteceu alguma coisa? – Letícia percebe no olhar da filha algo estranho.

– Não, mamãe.

– Filha, tá tudo bem? – insiste Letícia.

– Já falei, mãe, em casa a gente conversa.

– Mas estou preocupada, você está com um olhar triste.

– Não tive um dia bom, só isso.

– Aborreceu-se na faculdade?

– Não, só estou com uma sensação ruim dentro de mim, parece que algo ruim vai acontecer, é só isso.

– Por isso veio ao centro?

– Isso mesmo, papai me sugeriu tomar um passe; e eu acredito muito que logo após o passe esse sentimento ruim vai sumir de dentro de mim.

– Com certeza, minha filha, com certeza – diz Letícia.

– Vamos entrar, que a sessão já vai começar – diz Luíza.

Repleto de espíritos de luz, o centro espírita inicia a sessão de passes. O presidente profere uma linda prece e os fluidos iluminados começam a cair sobre todos os presentes. Nina está ao lado de Letícia, conduzindo suas mãos de médium passista sobre os mais necessitados.

Lucas, outro espírito auxiliar, põe suas mãos sobre o peito de Luíza aliviando seus sentimentos ruins.

Todos são assistidos e a reunião transcorre de maneira satisfatória aos dois planos.

Alguns obsessores são levados por guardiões, que trabalham juntos com os iluminados, realizando a tarefa de limpeza ambiental.

O fluido cósmico é derramado em todos os ambientes da instituição, afastando de todos os sentimentos deletérios e pensamentos de suicídio etc.

Após longo trabalho espiritual, todos seguem para suas casas, felizes e aliviados, preparados para novas tarefas evolutivas na Terra.

Felizes, Flávio e Letícia seguem com Luíza para casa.

– Luíza, você melhorou? – pergunta Flávio.

– Melhorei de que, papai?

– Daqueles sentimentos que você estava sentindo, você melhorou?

– Sim, passaram, graças a Deus.

– Que bom, minha filha! – diz Letícia, aliviada.

Flávio estaciona o carro na garagem e todos seguem para dentro de casa, logo são abordados por Naira.

– Boa-noite, mamãe, ainda acordada?

– Estava esperando por você.

– O que houve?

– Nada, só queria conversar com você antes de dormir.

– Mas mamãe, você já viu a hora?

– São dez horas, ainda é cedo.

Pacientemente Flávio pega as mãos de Naira e vai com ela para a ampla sala da casa. Sentando-a, Flávio inicia a conversa, após Naira ser beijada por Luíza.

– Diga, mamãe, o que houve? – pergunta Flávio.

– Não houve nada, só não gosto quando fico sozinha com os empregados.

– Mas mamãe, estávamos trabalhando.

– Trabalhando ou estavam no centro espírita?

– Trabalhando, mamãe, trabalhando.

– Cadê a Luíza?

– Foi para seu quarto. Ela acabou de lhe beijar. Mamãe, o que está acontecendo?

– E o Ernani?

– Ainda não chegou, provavelmente deve estar por aí namorando.

– Liga para ele e procure acompanhar os passos de seu filho.

– Mamãe, Ernani não é mais criança, e não precisa que eu fique vigiando seus passos. Agora vem, vamos deitar.

– Tá bom, mas vigie as crianças.

– Tá bom, mamãe, pode deixar.

Após colocar Naira na cama, Flávio dirige-se a seu quarto.

– Oi, querida.

– Oi, amor. Sua mãe continua dando trabalho, né?

– É a idade, né, fazer o quê?

– É, temos que ter paciência com ela mesmo.

– Você conversou com Luíza?

– Ainda não, vou ao quarto dela antes de me deitar – diz Letícia.

– Faça isso, ela ainda está com um ar de tristeza.

– É, reparei isso nela. Embora ela tenha nos dito que melhorou após o passe.

– Faça isso, amor! Meninas sabem conversar.

– Pode deixar, que vou falar com ela – diz Letícia, acariciando o rosto de Flávio.

Após o banho, Letícia vai ao quarto da filha.

– Oi, meu amor, posso entrar?

– Sim, mãe, pode.

– Melhorou?

– Sim, estou melhor, o passe realmente me fez bem!

– Que bom, então posso dormir sossegada?

– Pode sim, vai descansar.

Letícia se aproxima de Luíza.

– Me dá um beijo.

Luíza abraça carinhosamente sua mãe e lhe beija.

– Boa-noite, meu anjo.

– Boa-noite, mãe, dorme com Deus.

– Você também fica com Ele.

– Boa-noite, filha.

– Boa-noite, mãe.

"Escapamos da morte quantas vezes for preciso, mas da vida nunca nos livraremos."

Chico Xavier

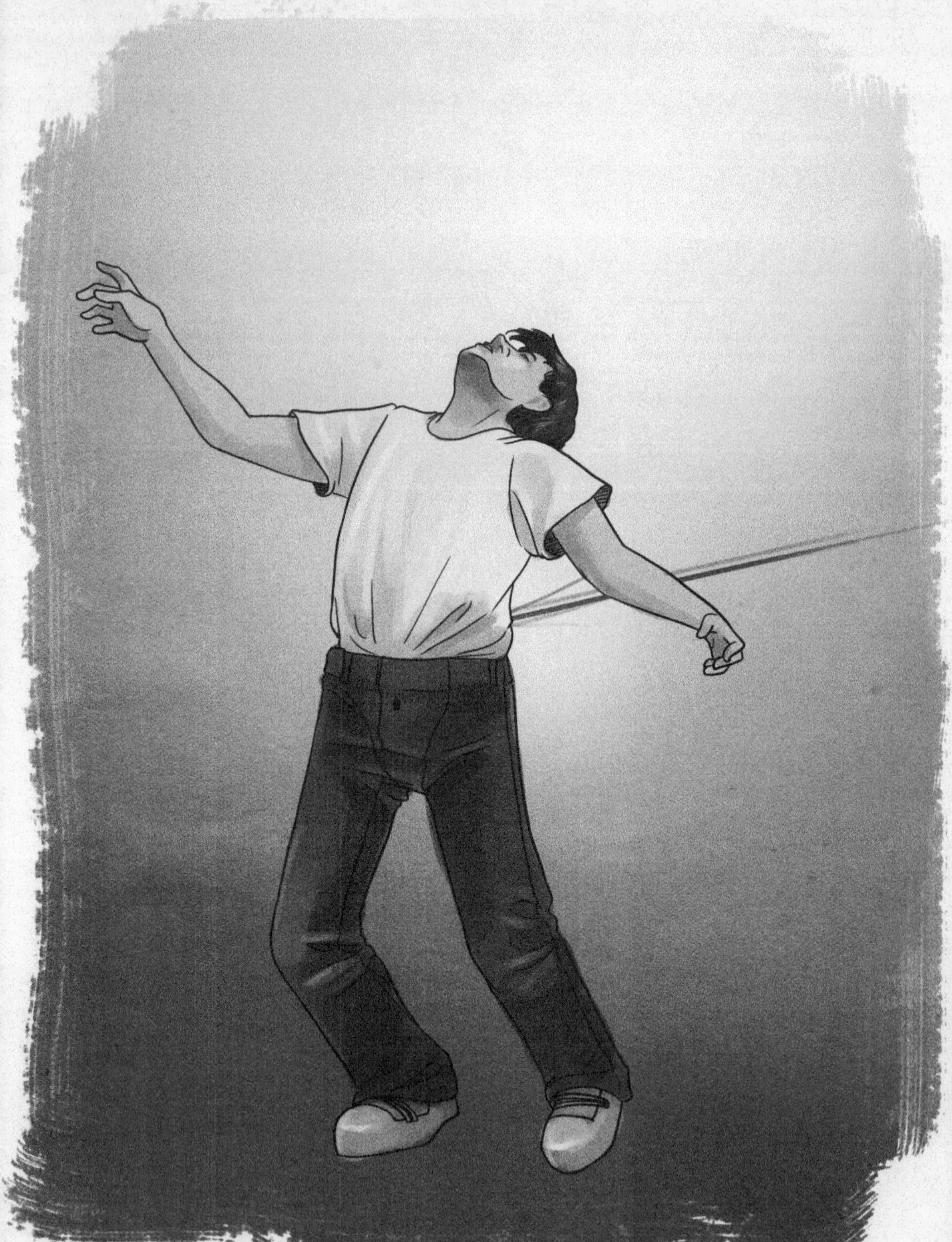

A Dor

Após alguns dias...

– Bom-dia, querida!

– Aonde você vai tão cedo, Flávio?

– Tenho que chegar cedo, hoje é dia de pagamento dos fornecedores e dos funcionários.

– Não vai tomar café?

– Não. Eu tenho que pegar os seguranças no caminho da empresa.

– Que novidade é essa? Seguranças?

– Resolvi que nos dias de pagamento vou colocar alguns seguranças na empresa. Hoje é um dia em que movimento muito dinheiro.

– Cuidado hein, amor.

– Pode deixar, querida. Tchau.

– Vá com Deus, meu amor.

Flávio sai de sua casa e passa em um bairro próximo, onde três seguranças, que são policiais de folga, o aguardam.

– Bom-dia, senhor.

– Bom-dia, Marcos. Entre, vamos – diz Flávio abrindo a porta do carro.

Marcos entra no carro e senta-se ao lado de Flávio.

– Senhor, temos que pegar os outros rapazes.

– E onde eles estão?

– Dobre à direita, que eles estão na esquina nos esperando.

– Ok – diz Flávio.

Outros dois policiais, que não são conhecidos de Flávio, entram na parte de trás do carro. E logo seguem para a empresa.

Chegando à empresa eles vão direto para o escritório. São sete e trinta da manhã.

João e seu grupo estão em um veículo estacionado próximo à empresa. O veículo utilizado por eles é fruto de roubo que um dos comparsas fez na noite anterior, especialmente para esta empreitada.

Nina e Felipe já se encontram dentro da empresa à espera dos acontecimentos. Guardiões espirituais estão do lado de fora, resguardando o ambiente para que tudo corra dentro das determinações superiores.

Os fornecedores se organizam em fila, para receber na tesouraria seus fretes de mercadorias descarregadas na rede de supermercados. Aproximadamente cinquenta pessoas aguardam o início do pagamento.

Na casa de Flávio.

– Mãe, cadê o papai?

– Ele saiu cedo, hoje é dia de pagamento.

– Poxa vida, eu precisava muito falar com ele – diz Ernani.

– O que houve, meu filho?

– Preciso do carro dele emprestado hoje, para pegar umas coisas na casa do Ricardo, meu amigo lá da faculdade.

– Passa lá no escritório e troca de carro com ele.

– Vou fazer isso, antes mesmo de ir para a faculdade.

– Vai, filho. Quer que eu ligue para seu pai, avisando?

– Não, não precisa, vou passar lá agora mesmo, rapidinho, só para trocar de carro.

– Vai com Deus, meu filho.

– Tchau, mãe.

– Vai com Deus, te amo.

– Eu também, mãe.

– Cadê a vovó?

– Está deitada – diz Letícia.

– Está tudo bem com ela?

– Sim, querido, ela só está um pouco indisposta.

– Fica de olho na minha vozinha, mãe.

– Pode deixar, filho, estou de olho nela.

– Estou indo.

– Vai com Deus.

Uma sensação muito estranha invade o peito de Letícia, que logo pensa em seus mentores espirituais, pedindo proteção para todos da família.

– Meu Deus, que sensação ruim foi essa? Deus proteja minha família, pensa Letícia.

Ernani chega ao escritório central à procura de seu pai.

– Bom-dia, Janaina, meu pai está aí?

– Sim, ele está lá na tesouraria.

– Obrigado, quem são estes caras? – pergunta Ernani, diminuindo o tom da voz.

– São seguranças.

– Meu pai está ficando louco mesmo – risos.

Nesse momento, João e seu bando invadem a empresa. Encapuzados, anunciam o assalto, rendendo todos os que encontram pela frente.

Uma correria desesperada começa, todos temem o forte armamento usado pelos bandidos.

Os policiais, que são seguranças, reagem ao assalto e o tiroteio começa.

Gritos são ouvidos por todos, e o desespero aumenta.

Flávio esconde-se embaixo de uma mesa, protegendo-se das balas que explodem nas vidraças e paredes da tesouraria.

Janaina esconde-se atrás dos arquivos de aço.

João é atingido no peito e cai no corredor que dá acesso à tesouraria, morrendo imediatamente.

Um dos policiais que estão fazendo a segurança é baleado.

Desespero, gritos e um corre-corre tremendo.

Ernani é atingido com um tiro nas costas e cai desmaiado aos pés do policial Marcos que, com muito esforço, puxa seu corpo para fora da linha de tiros.

Após longo tiroteio e sem levar nada, os marginais fogem, deixando para trás o amigo morto.

Flávio entra em desespero ao ver seu filho sangrando, desfalecido no chão.

Nina está ao lado de Ernani, enquanto Felipe protege Flávio.

– Peguem um carro, vamos socorrer o menino – diz Marcos.

Geraldo, que estava ajudando Flávio a fazer os pagamentos, observa tudo de longe, quieto e sem nenhum arrependimento em seu coração. Mesmo vendo Ernani beirando à morte e o sofrimento de Flávio.

Nina aproxima-se de Ernani, e Felipe aplica passes no policial ferido.

Desesperado, Furlan tenta agredir Ernani caído e ferido.

Rapidamente os guardiões pegam Furlan e o impedem de aproximar-se do menino.

Gritos e desespero para que todos sejam socorridos.

O corpo de Ernani é colocado no carro de Flávio, que é dirigido velozmente por Marcos em direção ao hospital mais próximo.

– Segundos são importantes nesta hora – afirma o experiente policial.

Nina acompanha tudo ao lado de ambos.

Em sua casa, Letícia recebe a visita de Lucas, espírito iluminado, que prepara o ambiente para a notícia que está por chegar.

Ernani dá entrada na emergência do hospital, carregado por Marcos.

Todos ficam desesperados do lado de fora esperando pelos acontecimentos e notícias.

Geraldo, como se nada tivesse acontecido, tenta acalmar Janaina.

O corpo de João fica à espera da perícia policial para ser removido.

O policial baleado na tentativa de assalto passa bem, a bala pegou-o de raspão no braço esquerdo. Ele também está no mesmo hospital que Ernani.

Letícia percebe a presença de espíritos iluminados em sua casa e agradece com sinceridade a visita.

– Meus amigos espirituais, não sei por que vocês estão aqui, mas se for acontecer alguma coisa com Naira, que estejamos preparados – diz Letícia em preces. – Ela não tem passado bem, espero que vocês estejam assistindo minha sogra. Obrigada a todos vocês.

O telefone toca.

– Alô?

– Alô, Letícia?

– Sim. Quem é?

– Corre para o hospital, seu filho foi baleado.

– Quem está falando?

– Sou eu, Janaina. Houve um grande tiroteio aqui na empresa, ainda bem que o senhor Flávio trouxe os seguranças. Vários bandidos tentaram nos assaltar. Infelizmente o Ernani estava no corredor na hora dos tiros, e parece que alguns tiros o acertaram, mas ele está vivo no hospital.

– Obrigada, Janaina, estou indo para lá. Meu Deus!

Letícia eleva seu pensamento a Deus e implora por misericórdia. Confiante, entra em seu carro e se dirige ao hospital.

Entra rapidamente e encontra-se com Flávio, que foi levado pelos amigos próximos de sua empresa, que o ajudaram quando o tiroteio acabou.

– O que houve, amor?

– Uma tentativa de assalto. Ainda bem que tínhamos os seguranças e eles nada levaram. Mas nosso filho foi baleado, ele estava na linha de tiro dos bandidos.

– Deus, olhe pelo meu filho! – diz Letícia, assustada.

– Calma, querida, Ernani é forte e está vivo, segundo os médicos.

– Mais alguém foi baleado?

– Sim, um policial que estava fazendo minha segurança, mas ele está bem. O tiro pegou de raspão no seu braço.

– E o nosso filho?

– Não sei ainda, o médico já esteve aqui, me pediu que mantivesse a calma, só uma bala atingiu Ernani.

– Mas o quê? – diz Letícia, muito nervosa.

– Não sei ainda querida, por favor, me ajude – Flávio começa a ficar desesperado.

– Vamos orar a Deus, que tudo vai ficar bem – diz Letícia. – Ele está acordado?

– Não sei, o médico não entrou em detalhes comigo.

– Vou procurar o chefe dos médicos. Fique aqui, que já volto.

Letícia sai à procura do diretor do hospital e logo é recebida por ele.

Uma enfermeira conduz Letícia ao gabinete do diretor do hospital.

– Senhora, ele vai recebê-la.

Nessa hora uma porta se abre, e o doutor Lemos recebe Letícia em sua sala.

– Entre, senhora, por favor.

– Perdoe-me, doutor, mas preciso saber notícias do meu filho.

– Senhora, seu filho levou um tiro na coluna; ele está

fora de perigo, porém com sequelas. Estamos aprofundando os exames para dar mais detalhes sobre o que vai acontecer daqui para frente.

Lágrimas brotam nos olhos de Letícia, que impõe suas mãos sobre o rosto, juntando a cabeça aos joelhos.

– Calma, senhora, faremos o que for possível pelo seu filho. Agora tenha calma.

– Doutor, por favor, salve meu filho.

– Ele já está salvo, não vai morrer.

– Mas ele pode ficar aleijado?

– Senhora, isso infelizmente não posso garantir, faremos o possível pelo rapaz. Agora me deixe ir ao CTI para ver o resultado dos exames e examiná-lo melhor.

– Obrigada, doutor.

– De nada, senhora.

Uma enfermeira se aproxima trazendo em suas mãos um copo com água que é oferecido a Letícia.

– Senhora, por favor, tome esse copo com água e acalme-se.

– Obrigada – agradece Letícia.

– De nada, senhora.

– Seu filho é estudante de medicina? – pergunta o médico.

– Sim, ele vai se formar neste ano.

– Isso é bom, e vai nos ajudar muito. Agora, por favor, procure acalmar-se e fique com seu marido. Assim que tiver alguma notícia, vou à procura de vocês para conversarmos.

– Obrigada, doutor.

– Enfermeira, por gentileza, leve a Letícia para ficar com seu marido.

– Sim, doutor. Venha, Letícia, vamos comigo.

Letícia vai ao encontro de Flávio que, desesperado, está sentado do lado de fora do hospital, esperando por notícias de Ernani.

Logo que Letícia se aproxima, eles se abraçam em choro mútuo.

– Letícia, fique calma, nosso filho vai sair dessa.

– Querido, nosso filho vai ficar aleijado.

– Meu Deus, como assim? Eu não mereço isso.

– Sim, não merecemos esse castigo.

– E agora, o que faremos?

– Conversei com o diretor do hospital e ele me disse que

temos que esperar os resultados dos exames que vão apontar a gravidade da lesão. O tiro atingiu sua coluna, e pode ter causado um estrago.

— Desgraçados estes assaltantes! Têm que padecer no inferno por toda a eternidade.

— Você os conhece?

— Não, nem vi isso ainda, eles estavam encapuzados, mas vamos apurar. Alguém passou a informação do pagamento hoje, isso eu não tenho dúvidas.

— Mas isso não importa, temos que nos preocupar é com nosso filho.

— Sim, querida. E Luíza, você já falou com ela?

— Não, ela não deve saber de nada ainda; saí desesperada de casa, que nem deu tempo de avisar a ninguém.

— Você não falou nada com a mamãe, né?

— Não, Flávio, já lhe disse; saí correndo, que nem lembrei de sua mãe.

— Nem sei como ela vai reagir a isso.

— Ainda temos isso, sua mãe.

— Vamos tentar manter a calma, já que os médicos disseram que ele não corre risco de morte.

– Sim, querida, agora vamos orar a nossos mentores para que intercedam e ajudem nosso filho.

– Isso mesmo, vamos orar.

Neste momento Luíza chega desesperada ao hospital e abraça seus pais.

– Filha, como você soube?

– Papai, isso aqui é uma cidade pequena, a notícia corre rápido. Bem que eu estava me sentindo assim esses dias. Sabia que algo muito triste estava por acontecer.

– Sempre falei sobre sua mediunidade e você nunca se importou em desenvolvê-la – diz Letícia.

– Mãe, isso não é hora para este tipo de assunto.

– Não existe hora apropriada para falarmos com Deus.

– Como está meu irmão?

– Ele levou um tiro na coluna, e os médicos estão esperando os resultados dos exames para diagnosticar o que vai ser daqui para frente.

– Meu Deus, coitado do meu irmão – Luíza começa a chorar.

– Por quê? – pergunta Flávio.

– Papai, tiros na coluna causam lesões ao resto do corpo.

– É grave, filha? – pergunta Flávio.

– Sim, papai, ele pode ficar paraplégico, ou até mesmo tetraplégico.

– Meu Deus, vamos orar.

– Isso mesmo, vamos orar – diz Luíza.

– Oremos então por nosso filho – diz Letícia.

Abraçados, pedem auxílio aos espíritos iluminados.

Mesmo sem perceber, um grupo de espíritos da Colônia Amor & Caridade é encarregado de aliviar seus corações, e está principalmente ao lado de Ernani cuidando para que ele se restabeleça rapidamente.

Luíza é conhecida de todos neste hospital, pois já está em acertos para fazer ali sua residência médica. E além do mais, o doutor Lemos é um dos professores dela e de Ernani na faculdade.

– Vou lá dentro saber notícias – diz Luíza, impaciente.

– Vai, filha, para você é mais fácil.

– Vou mãe, já volto. Vou falar com o doutor Lemos.

Luíza entra no corredor que dá acesso direto ao CTI onde está seu irmão.

– Oi, doutor Lemos!

– Olá, Luíza!

– Como está meu irmão?

– O tiro atingiu a coluna dele, faremos agora uma cirurgia para retirar a bala. Infelizmente, ele perdeu os movimentos nas pernas e ficará com esta deficiência.

– A lesão foi séria?

– Sim, alguns ossos foram espatifados, e não há nada que possamos fazer.

– Entendo, mas ele é forte e com certeza vai superar-se.

– Sim, é um belo rapaz, ainda é muito novo, o tempo é o melhor remédio. Mas uma coisa é certa, ele nunca mais andará. Lamento, Luíza.

– Sim, doutor, eu compreendo e lhe agradeço a atenção e carinho.

– Vamos encaminhá-lo agora para o centro cirúrgico. Orem por ele.

– Vamos orar. Obrigada, doutor.

– De nada.

Abalada com as notícias do irmão, Luíza vai ao encontro dos pais, enquanto Ernani entra na sala de cirurgia.

Luíza caminha lentamente apoiada a Marta, a enfermeira responsável pelo setor.

– Tenha calma, Luíza, o doutor Lemos é o melhor que temos.

– Eu sei, Marta, obrigada pelo carinho e atenção para com meus pais.

– Que isso, Luíza!?

Enfim, Luíza chega ao encontro de seus pais.

– Pai, mãe, ele está sendo encaminhado para o centro cirúrgico.

– Vão operá-lo agora?

– Sim, a bala tem que ser retirada – diz Luíza.

– E o que vai acontecer a ele? – pergunta Flávio.

– Pai, infelizmente Ernani está paraplégico, a lesão é muito séria, porém ele não corre risco de morte.

– Meu Deus, meu único e amado filho, um aleijado – diz Flávio não conseguindo conter as lágrimas.

– Vamos superar – diz Letícia segurando as mãos do marido.

Luíza interrompe os pais passando uma mensagem otimista.

– Sim, mãe, muitos paraplégicos levam uma vida normal. Ernani é forte e certamente vai superar isso em sua vida.

– Tenho certeza que nosso filho vai superar esta desgraça em nossas vidas – diz Letícia.

– Mãe, vamos orar. E não vamos esquecer o que aprendemos todos os dias lá no centro espírita: há motivos em tudo em nossa vida.

– Verdade, filha, é verdade. Deus nos capacita para tudo.

– Isso, mamãe, é assim que se pensa, não podemos tratar o Ernani como um pobre coitado, temos que ser otimistas e amá-lo mais ainda.

– Obrigado, filha, por suas palavras – diz Flávio secando as lágrimas.

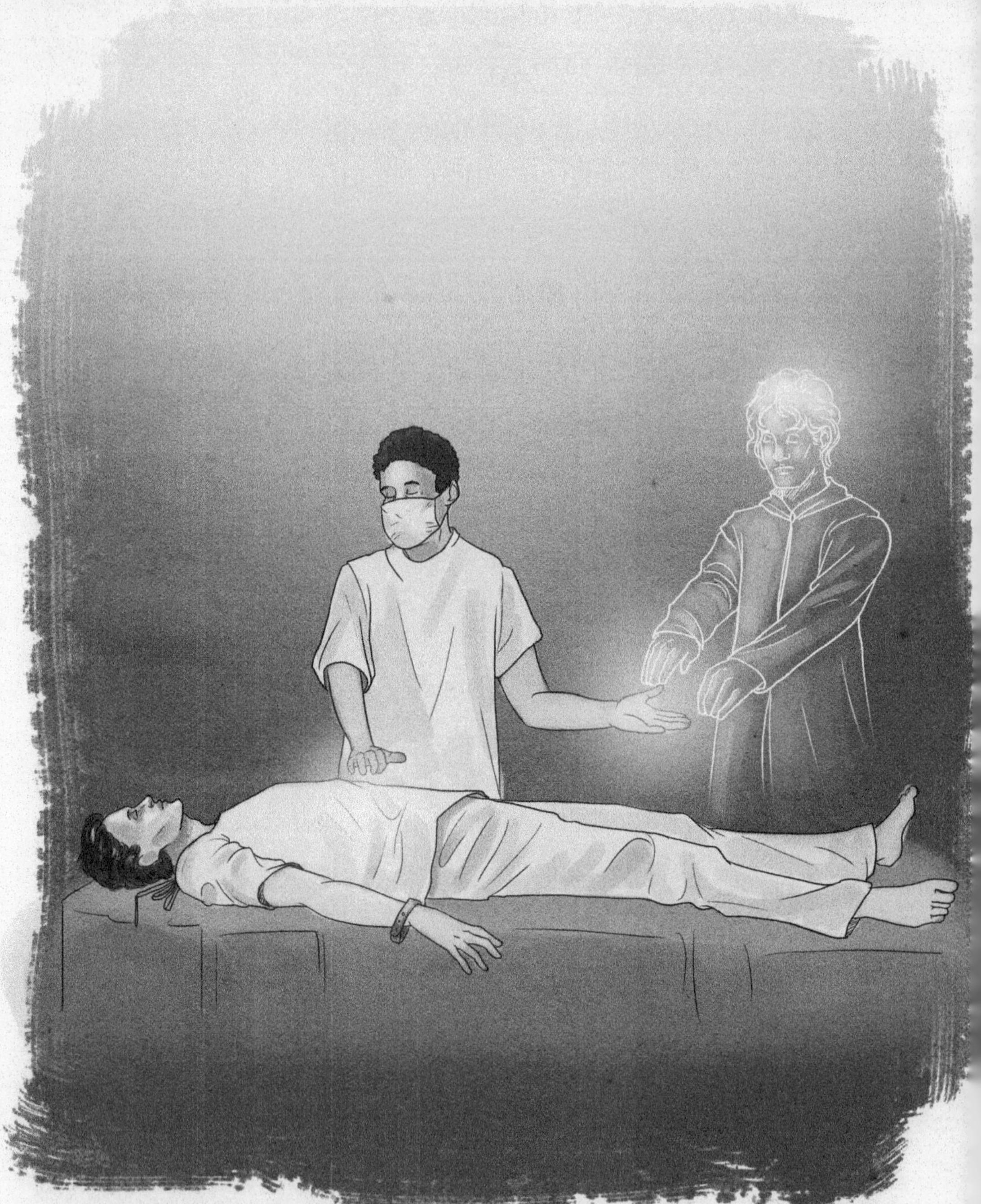

Proteção Divina

A pós a cirurgia, realizada com sucesso, Rodrigo, Nina e Felipe voltam para a colônia espiritual.

– Rodrigo, você sabe me informar por que isso aconteceu com o jovem inocente?

– Não sei, Nina. Só sei que foi isso que Daniel nos determinou fazer.

– Disso eu sei, desviei a bala que iria matar o menino, foi isso que o Daniel pediu-me para fazer.

– E diga-se de passagem, você foi muito bem, Nina – elogia Felipe.

– Obrigada, Felipe, mas estou encucada com essa história.

– Qual história, Nina? – pergunta Rodrigo.

– O Furlan, que conseguimos conter ainda lá fora, é o obsessor de Flávio, então por que essa coisa horrível com o menino?

– É mesmo, Nina, não tinha pensado nisso – diz Felipe.

– Essa bala era para o Flávio e não para o Ernani.

– Olha, Nina, eu só sei que deveríamos proteger o Flávio do Furlan, que agora está dominado por nossos companheiros protetores. Vamos fazer assim: vou pedir uma audiência com Daniel e lá você tira essa dúvida.

– Você pode fazer isso por mim, Rodrigo?

– Claro que sim, com prazer, Nina.

– Obrigada, Rodrigo.

– Agora tenho que ir conversar com o Lucas sobre as decisões da casa espírita, assim que terminar a reunião com ele, procuro o Daniel e aviso você.

– Obrigada, vou ver as crianças. Vamos, Felipe?

– Vamos – diz Felipe, animado.

Rodrigo se dirige ao galpão número seis, e em reunião com Lucas decidem sobre a ajuda a alguns irmãos que, aflitos, procuram a casa espírita onde Nina é mentora.

Nina volta à ala das crianças e é recebida com muito amor e carinho. Felipe, sempre a seu lado, auxilia Nina.

Passadas algumas horas, Rodrigo se reúne com Daniel, dirigindo-se à sala principal.

– Com licença, Daniel, posso entrar?

– Entre, Rodrigo, entre.

– Chegamos há pouco da Terra e acompanhamos todo o drama vivido por Flávio e Letícia. Acompanhei pessoalmente a cirurgia do Ernani e tudo correu bem. Agora ele precisará se restabelecer e encarar com coragem sua nova condição.

– Ele ficou paraplégico, Rodrigo?

– Sim, Daniel, a bala que Nina desviou infelizmente atingiu o rapaz.

– Não se preocupe, era isso mesmo que tinha que acontecer.

– Imaginei quando vi a cena.

– Você já é um espírito bem evoluído e tem as percepções necessárias para compreender certas coisas de Deus.

– É, eu sei. Mas Nina, no caminho de volta, ficou questionando quanto aos acontecimentos e gostaria de conversar com você sobre os fatos.

– Chame-a para, juntos, lhe explicarmos os porquês. Façamos assim – diz Daniel que toca uma sineta disponível sobre sua mesa.

– Me chamou, Daniel?

– Sim, Marques, me faça um grande favor.

– Diz logo, diz...

– Por gentileza, vá até a ala das crianças e me chame a Nina e o Felipe.

– Pois não, pode deixar, já estou indo, peraí...

– Estarei esperando, Marques.

– Esse Marques não muda né, Daniel? Sempre afoito – diz Rodrigo com um leve sorriso no rosto.

– É uma característica dele que dificilmente vai mudar – diz Daniel.

Pouco tempo se passa, e Nina e Felipe estão sentados na mesma sala que Rodrigo e Daniel.

– Parabéns, Nina, pela nobre missão!

– Obrigada, Daniel!

– Parabéns, Felipe, pelo trabalho!

– Obrigado, Daniel!

– Mas Nina, por que você está com esse jeito meio triste? – pergunta o sábio Daniel.

– Sabe, Daniel, perdoe-me, mas vi essas crianças crescerem e serem evangelizadas na casa espírita em que represento e fiquei chateada com os acontecimentos. Gostaria de entender por que Furlan persegue, com tanto ódio no coração, o Flávio, e por que isso foi acontecer ao Ernani?

– Fico muito contente com suas preocupações em relação a seus protegidos, Nina, mas há coisas que são inexplicáveis até para nós. Como vocês já viram, Furlan é um obsessor de Flávio da encarnação passada.

– Sim, isso nós até entendemos, mas e o Ernani?

– Nina, infelizmente isso só vou poder lhe explicar no final desta prova e missão em que vocês estão envolvidos. Ainda há muita coisa a ser feita. Mas lhe prometo que quando essa missão terminar explico porque essa bala não foi para o Flávio e sim para seu filho, Ernani.

– Perdoe-me, Daniel, perdoe-me – diz Nina, envergonhada.

– Não tenho que lhe perdoar, essa curiosidade é natural. Você já conhece quase toda a história de Furlan e Flávio, mais ainda há coisas que precisa entender.

– Sim, Daniel, confesso estou um pouco confusa.

– Não fique, prometo que no final da missão vou lhe revelar porque essa bala foi para a coluna do Ernani.

– Daniel, será que isso não é coisa da vida passada de Flávio também? – pergunta Felipe, curioso.

– Felipe, não existem acasos na lei de Deus, Ele permite que tudo se realize conforme planejado por nós mesmos. Lembre-se: se plantar batata colherá batata.

– Isso compreendo perfeitamente, e graças a Ele não cometo mais erros.

— Isso mesmo, Felipe, isso mesmo, é assim que se fala – diz Daniel.

— O que vocês têm que compreender é que essa nova condição física do Ernani trará para ele novos desafios e, principalmente, nova forma de olhar a vida. Tudo tem seu objetivo, lembrem-se disso – diz Rodrigo, corroborando as palavras de Daniel.

— Verdade, Rodrigo, verdade – diz Nina, emocionada.

— Bom, agora temos que seguir em frente. A pressão vai aumentar lá no centro espírita, viu, Nina? As pessoas vão achar que isso não poderia ter acontecido, principalmente com Letícia e Flávio, que são os maiores colaboradores da obra.

— Não tinha pensado nisso, Daniel – diz Nina, preocupada.

— Os encarnados são ainda muito materialistas, veem nas deficiências físicas a impossibilidade de vencerem a si mesmos.

— Concordo plenamente, Daniel – diz Rodrigo.

— Agora você precisará ser mais intensa nos trabalhos daquela casa espírita e reforçar ainda mais os ensinamentos.

— Compreendo, Daniel, pode deixar. Se não se importa, posso pedir ao Lucas para me ajudar?

– Claro que sim. O Rodrigo também vai reforçar os trabalhos lá da casa espírita.

– Obrigada, Rodrigo – diz Nina.

– Obrigado, Rodrigo – diz Felipe, sem perder tempo.

– Nina e Felipe, estamos há muito tempo juntos. Saibam que estarei pela eternidade ao lado de vocês – diz Rodrigo, levantando-se.

– Obrigado, amigo.

Nina abraça Rodrigo com amor e carinho. Daniel repete o gesto e todos se abraçam, solidários.

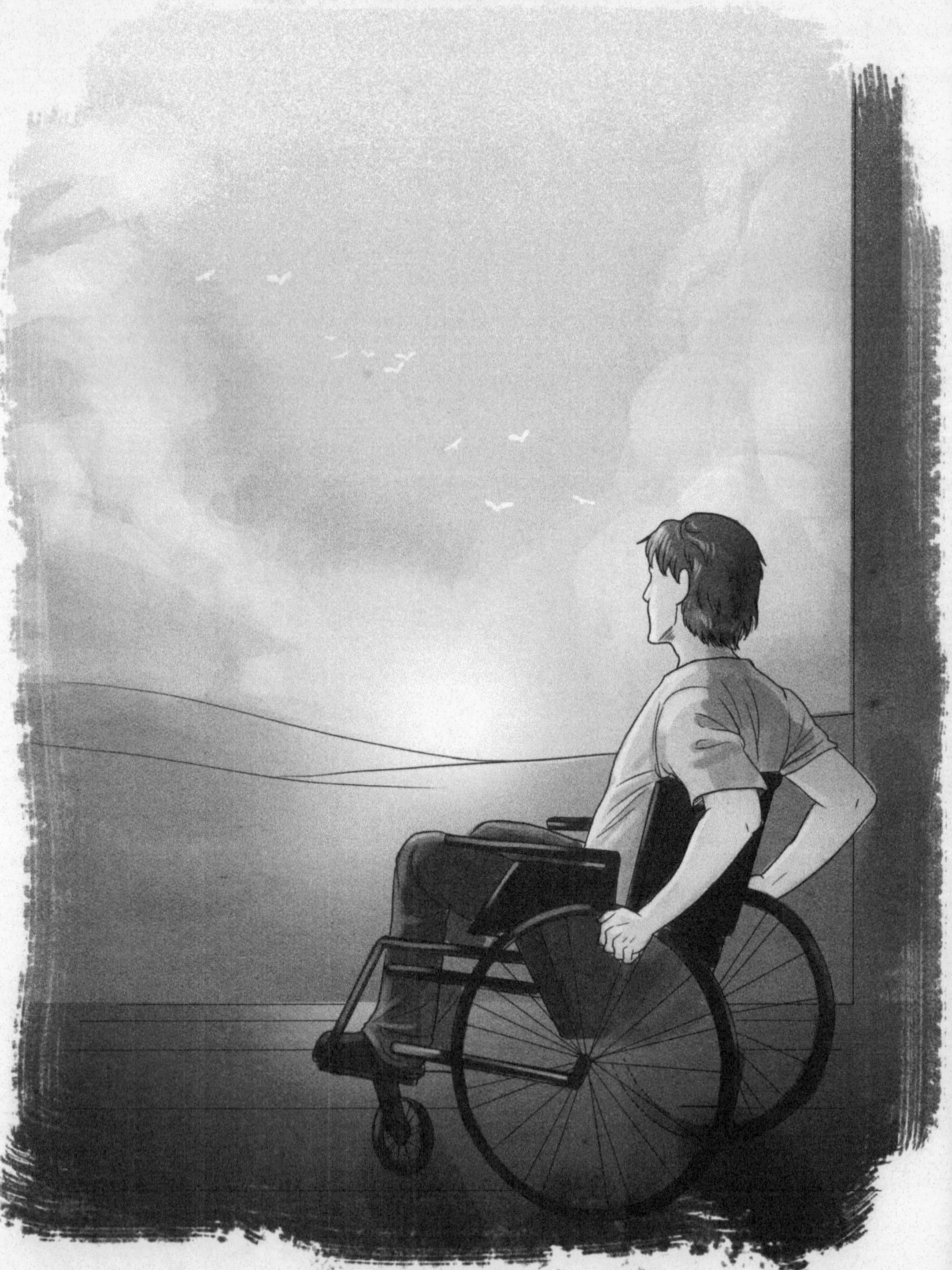

Volta à Vida

Alguns meses depois...

– Vó, vem aqui?

– Onde você está, Luíza?

– No meu quarto.

Andando com dificuldade, Naira chega ao quarto de Luíza.

– Olha vó, o que fiz para o Ernani!

– Que coisa bonita! Parabéns! Ficou lindo!

Um lindo arranjo de flores, feito com suas próprias mãos, serviu para enfeitar o quarto já adaptado para receber Ernani, que perdeu toda a sensibilidade da cintura para baixo, tornando-se paraplégico.

– Minha neta querida, posso lhe fazer uma pergunta?

– Claro, vovó.

– Por que Ernani ficou paraplégico? Desculpe, eu não entendo de medicina. Mas por que uma lesão na coluna deixa alguém paraplégico?

– Vou lhe explicar, vó, senta aqui.

Luíza senta Naira com carinho nos pés de sua cama.

– Preste atenção, vovó: um acidente como o do Ernani, que foi atingido por uma bala, pode cortar, comprimir ou danificar a medula espinhal, que é uma massa de tecido nervoso que conecta o cérebro ao corpo e vai da base do crânio até a segunda vértebra lombar.

– Sei, mas isso não tem conserto?

– Vovó, todos os nossos movimentos e sensações se originam de impulsos nervosos que partem de nosso cérebro. Eles são conduzidos pela medula e estimulam os músculos, conectados aos ossos e outros órgãos.

– Ah, entendi.

– Tem mais, vó. No caso de uma lesão, uma ou muitas dessas funções podem ficar comprometidas. Mas é preciso um trauma de alta energia para que toda a proteção da musculatura, ligamentos e ossos seja rompida.

– Ah, entendi.

– E tem mais, isso acontece com mais frequência em casos de acidentes de carro, ferimentos com armas de fogo, que foi o caso do Ernani, e em quedas de grandes alturas, ou mergulhos em água rasa. Depois que a medula é afetada, pode levar vários meses para que se possa dizer se a lesão foi completa, (com perda de movimentos e sensações abaixo do nível do trauma), que foi o caso do Ernani, ou incompleta (com preservação de certas funções motoras e sensações).

– Puxa, como estou orgulhosa de você, minha netinha.

– Deixe de bobeira, vovó, você sabe que estudei para isso.

– Eu sei, e hoje tenho orgulho de ter dois netos médicos em casa.

– Vovó, vamos preparar as coisas, pois está quase na hora do Ernani chegar.

– Você está feliz?

– Bota feliz nisso! Graças a Deus ele não morreu, e poderá levar uma vida normal.

– Normal é difícil, né filha? Mas vamos ajudá-lo a superar este momento – completa Naira.

– Vamos sim, vozinha, vamos sim – diz Luíza, animada com a chegada do irmão.

Os amigos mais próximos começam a chegar à casa de Flávio e Letícia, que organizaram uma recepção para a chegada de Ernani, que recebeu alta do hospital e agora continuará o tratamento em casa.

Cadeirante e deprimido, Ernani volta para casa.

Vários são os amigos que se reuniram para recebê-lo. Sua ex-namorada Isadora o recebe com festa, na linda casa arrumada e preparada com carinho por Luíza e Letícia, para o evento.

Todos tentam motivá-lo a seguir a vida, mas Ernani está muito triste; o jovem ainda não consegue entender porque aquela bala o atingiu.

Nina e outros mentores estão na casa observando a recepção.

– Olha, Nina, como o Ernani está triste.

– Sim, Felipe, ele está muito triste. Nossa missão agora é assisti-lo e livrá-lo desse quadro de depressão que se aproxima.

– Faremos isso com o maior prazer – diz Felipe.

– Sim, é isso que Daniel nos recomenda. Ernani ainda tem uma grande missão pela frente, precisamos motivá-lo a voltar à faculdade e formar-se médico. Afinal, falta só o exame final.

– Com aquele coração ali – apontando para Nina o peito de Ernani – não vai ser nada fácil.

– Se fosse fácil não estaríamos aqui, não é, Felipe?

– Estava brincando, Nina.

– Eu sei disso, vamos irradiar bons fluidos a todos.

– Vamos sim, Nina – concorda Felipe.

Ambos estendem as mãos irradiando energias positivas em todo o ambiente. Letícia percebe que há algo diferente em sua casa.

– Flávio, vem cá, meu amor.

– Sim, querida.

– Não sei o que está acontecendo, mas sinto que a Nina está presente.

– Que bom, querida, quem sabe assim ela consegue tirar um sorriso de nosso filho.

– É, ele está triste como nunca vi.

– Verdade. Mas confiemos em nossos mentores e tudo vai dar certo.

– Sem sombra de dúvida, vamos confiar que Nina vai ajudar, e muito, o nosso filho.

– Deus seja louvado!

– Amém – diz Flávio, otimista.

Nina chama Felipe para saírem por um tempo.

– Agora deixemos a casa de nossos protegidos, que temos uma coisa muito importante para resolver. Venha, vamos...

Nina e Felipe viajam às regiões umbralinas onde os guardiões mantêm em sono o obsessor Furlan.

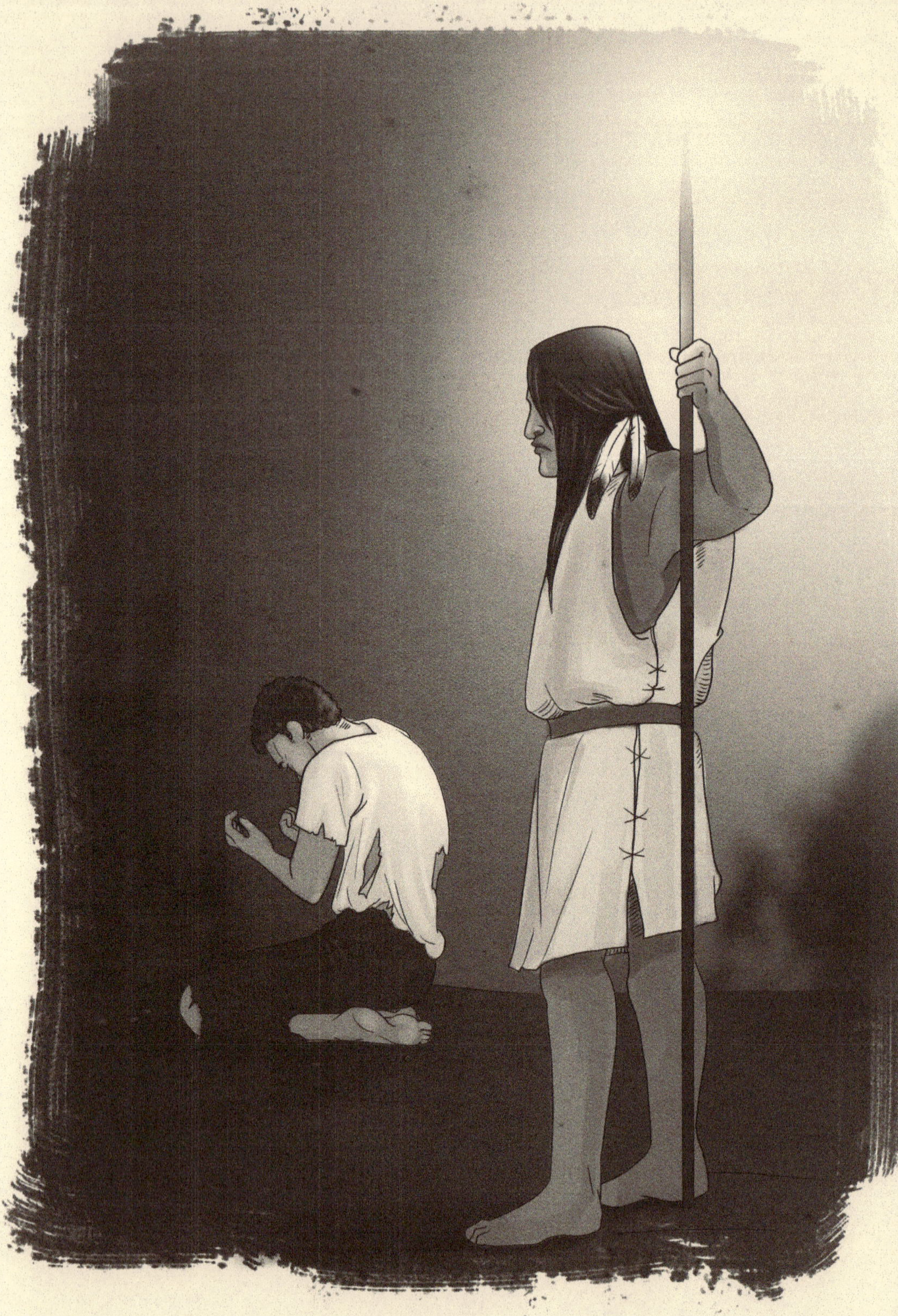

O Umbral

Nina e Felipe chegam às portas do Umbral.

– Nina, temos permissão para entrar no Umbral?

– Sim, Daniel já providenciou tudo.

– Tem certeza, Nina?

– Sim, Felipe. O que houve? Está com medo?

– Não, Nina, você sabe que quando estive aqui sofri muito e gostaria muito de voltar a essa região para buscar minha mãe.

– Sei disso, mas sua mãe não está nessa região.

– Como assim?

– Felipe, o Umbral é subdividido por forças vibratórias.

– Então, onde está minha mãe?

– Ela está em outra região sendo preparada para o resgate.

– Como você sabe disso?

– Todos em Amor & Caridade estamos nos preparando

para voltar à região onde sua mãe está para resgatá-la. Ainda não tivemos a permissão, mas acreditamos que isso não vai demorar muito.

– Meu Deus! Será que nossa Mentora está ouvindo minhas preces?

– Felipe, todos nós estamos em orações por Yara, e temos fé que brevemente poderemos buscá-la.

Emocionado, Felipe começa a chorar.

– Desculpe-me, Nina, mas sinto muitas saudades de minha mãe.

– Eu compreendo, não fique assim – carinhosamente Nina abraça Felipe.

– Agora vamos por aqui, pois temos um encontro.

– Sim, vamos – diz Felipe, se refazendo da emoção.

Nina e Felipe entram por uma estrada lateral e chegam ao local onde Furlan é mantido adormecido pelos guardiões da Colônia Amor & Caridade.

– Olha ele ali, Felipe – diz Nina apontando com o dedo indicador para um corpo caído no chão, e que é guardado por um índio alto e muito forte.

– O que houve com ele? – pergunta Felipe

– Está sendo preparado para seguir conosco para outro plano.

– Nós é que vamos levá-lo?

– Sim.

Após rápida caminhada eles se aproximam.

– Olá, guardião!

– Olá, Nina! Olá Felipe!

– Olá, amigo – diz Felipe.

– Desculpe-me, não tinha reconhecido o senhor nessa escuridão.

– Sem problemas, Felipe – diz o índio.

– Como ele está? – pergunta Nina.

– Está pronto para seguir viagem.

– Ele lhe deu muito trabalho? – pergunta Felipe.

– Não, até que não. Parece-me que esperava por esta oportunidade.

– Como assim? – pergunta Nina.

– Quando o peguei lá no tiroteio ele não resistiu. Pareceu-me que esperava por nós.

– Que interessante! – diz Nina.

– Sim, eu também fiquei surpreso com a reação dele. Parece-me um espírito arrependido que está em busca de oportunidade.

– Ele fez sua escolha quando desencarnou, Daniel me mostrou isso.

– Compreendo – disse o índio.

– Não nos cabe julgar e sim ajudar. Vamos, Felipe?

– Sim, Nina, vamos.

– Você vem conosco, índio?

– Sim, as recomendações de Daniel são para acompanhá-los até o portal da Colônia.

– Então vamos – diz Nina.

– Esses outros índios irão conosco? – pergunta Felipe.

– Sim, são meus auxiliares. Estamos todos envolvidos com esse resgate.

Seis índios no total estão preparados para acompanhar Nina e Felipe na viagem de resgate. Fluidicamente um transporte é preparado; os guardiões pegam Furlan, ainda dormindo, e o colocam dentro do transporte.

Uma espécie de carruagem sem cavalos, um veículo indescritível para nossa compreensão. Mas parece um vagão de metrô muito moderno que não faz barulho e flutua sobre trilhos inexistentes. Leve e muito rápido. Dentro tem lugares para sentar e macas flutuantes onde Furlan é devidamente colocado. Todos se acomodam e o veículo segue viagem.

– Vamos, Felipe – diz Nina.

– Vamos, amigos.

Os guardiões apenas acenam com a cabeça agradecendo a Nina a oportunidade de servir.

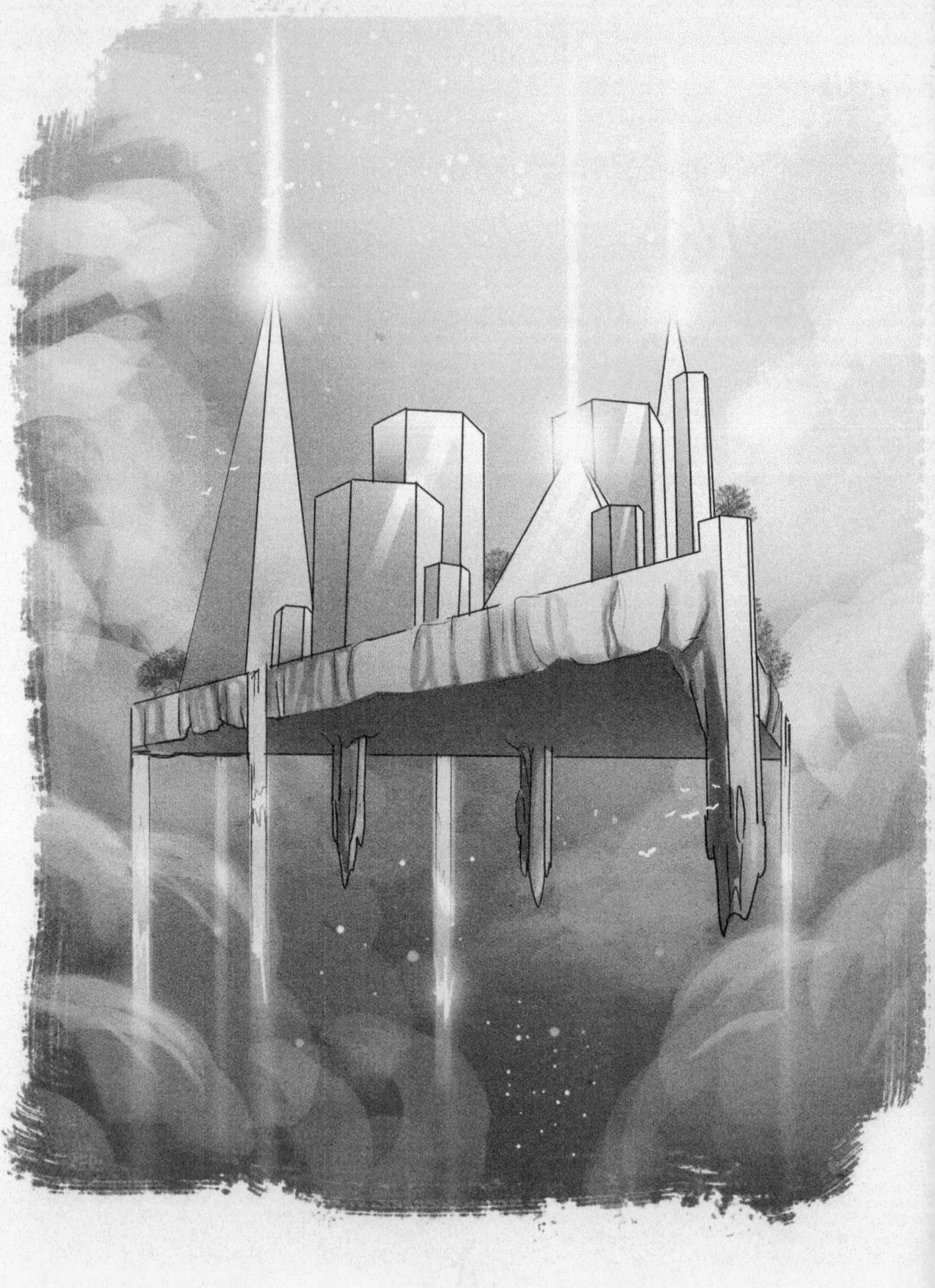

Colônia da Redenção

Rapidamente o transporte chega a seu destino.

– Onde estamos, Nina?

– Esta é a Colônia Redenção.

– Nossa, como é linda esta colônia! – diz Felipe, emocionado.

– Sim. É aqui que nosso querido irmão, que estava obsediando Flávio, receberá a oportunidade de ajuste.

– Nem vou perguntar por que isso não foi feito antes.

– Felipe, tudo tem a hora certa para acontecer.

– Eu sei, Daniel, sei disso muito bem.

– Venha, vamos entrar.

– Peraí, Nina, me fale um pouco sobre essa colônia.

– Falo enquanto caminhamos. Venha, Felipe.

Nina começa a caminhar em direção ao portal de entrada. Ao seu lado Felipe ouve atentamente as palavras de Nina:

– A Colônia Redenção é uma grande referência no mundo espiritual, Felipe. Esta Colônia realiza um grande trabalho em laboratório fluídico por intermédio de seus socorristas na Terra. Aqui se encontra um arquivo com as mais lindas histórias e exemplos de amor que o mundo já viu, começando pela história de Jesus em cenas vivas.

– Como assim, Nina?

– É melhor o Daniel lhe explicar isso. Quando você tiver uma oportunidade, converse com ele sobre esta colônia. Agora vamos...

Quatro espíritos auxiliares recebem Nina e são encarregados de transportar Furlan para uma maca flutuante dentro de uma ampla sala azul. Os amigos índios entregam Furlan aos auxiliares e retornam para suas atividades em Amor & Caridade.

Nina acompanha tudo de perto, quando é surpreendida por um espírito de muita luz que se aproxima saudando a todos.

– Olá, Nina!

– Olá, Mateus, como vai? – diz Nina.

– Bem, tudo muito bem; e vocês, lá em Amor & Caridade, como estão?

– Muito trabalho, aquelas crianças são impossíveis – diz Nina com um lindo sorriso estampado no rosto.

– Admiro muito o trabalho de vocês.

– Obrigada, querido Mateus.

– Quem é esse moço?

– Este é o Felipe.

– Seja bem-vindo, Felipe! – diz Mateus estendendo as mãos.

– O prazer é meu, senhor. Obrigado!

De estatura mediana, com uma longa barba branca e vestindo-se como um frei, Mateus se apresenta a Felipe.

– O irmão Daniel conversou comigo sobre este caso específico. Obrigado por trazê-lo, Nina, agora iremos cuidar desse pobre irmão.

– Eu é que agradeço a oportunidade de servir, Mateus.

– Vamos dar uma volta, quero que conheçam melhor nosso trabalho – convida Mateus a Nina e Felipe.

Felipe fica emocionado com o convite e é percebido por Mateus.

– Não fique assim, Felipe, apenas entenda que a misericórdia de Deus se estende a diversos planos e a diversos irmãos. Deus em Sua infinita bondade concede a cada filho Seu as oportunidades. E estamos aqui realinhando espíritos que ainda não se moldaram no bem, para seguirem seu caminho.

– Estou muito impressionado com o tamanho desta colônia.

– Somos uma das maiores, e aqui abrigamos mais de quinhentos mil espíritos.

– Nossa, é muito grande! – diz o assustado Felipe.

– É do tamanho necessário – responde carinhosamente Mateus.

– Felipe, deixe de ser inconveniente – diz Nina.

– Deixe-o, Nina, quanto mais informações ele tiver, maior será sua responsabilidade em Amor & Caridade.

– Verdade – risos.

– Aonde vamos? – pergunta Felipe, curioso.

– Vou levar vocês para conhecerem nossa ala principal, onde estão nossos dirigentes e coordenadores da colônia.

– Nossa! Que alegria! – diz Nina

– Bela oportunidade – diz Felipe.

– Venham, subam nesse transporte.

Outra vez um veículo, que parece um vagão de trem com as laterais e o teto de vidro, parte suavemente passeando sobre um trilho invisível pela bela colônia espiritual. Aves voam entre árvores muito altas, e outras espécies de veículos cruzam os céus em uma ordenada estrada imaginária.

– Mateus, como é linda esta colônia!

– Gostou, Nina?

– Sim, impressionante a beleza dos pássaros e das árvores.

– Eles são plasmados para a melhor compreensão dos espíritos recém-chegados.

– É, eu sei da necessidade desses irmãos de estarem mais próximos de suas realidades.

– Sim, tudo isso é feito para que aqueles que aqui chegam sintam-se mais calmos.

– Fazemos isso também em Amor & Caridade – diz Felipe.

– Essa é a misericórdia de Deus que permite que tudo seja construído de forma harmônica para Seus filhos.

– Perfeito, Mateus, perfeito – diz Nina, emocionada.

– Por favor, entrem – convida Mateus.

Uma linda porta, de uns seis metros de altura por uns seis metros de largura, se abre para que Nina, Felipe e Mateus adentrem ao amplo salão repleto de cadeiras. Milhares de espíritos estão sentados assistindo a uma palestra que é proferida por um espírito de muita grandeza espiritual. Sua luz é tão intensa, que o palco, com mais de quarenta metros quadrados, fica todo iluminado.

– Venha, Nina, sente-se aqui; venha, Felipe – Mateus convida os amigos a sentarem-se nas últimas fileiras.

Todos ouvem atentamente os ensinamentos do espírito palestrante.

O assunto tratado são as bem-aventuranças:

– Meus queridos e amados irmãos recém-chegados do orbe terrestre. Muito o mestre e amigo Jesus vos disse nessas palavras. Ouçam os que têm ouvidos.

"Bem-aventurados os pobres de espírito, porque deles é o reino dos céus;

Bem-aventurados os que choram, porque eles serão consolados;

Bem-aventurados os mansos, porque eles herdarão a Terra;

Bem-aventurados os que têm fome e sede de justiça, porque eles serão fartos;

Bem-aventurados os misericordiosos, porque eles alcançarão misericórdia;

Bem-aventurados os limpos de coração, porque eles verão a Deus;

Bem-aventurados os pacificadores, porque eles serão chamados filhos de Deus;

Bem-aventurados os que sofrem perseguição por causa da justiça, porque deles é o reino dos céus;

Bem-aventurados sois vós, quando vos injuriarem e per-

seguirem e, mentindo, disserem todo o mal contra vós por minha causa.

Exultai e alegrai-vos, porque é grande o vosso galardão nos céus; porque assim perseguiram os profetas que foram antes de vós.

Vós sois o sal da Terra; e se o sal for insípido, com que se há de salgar? Para nada mais presta senão para se lançar fora, e ser pisado pelos homens.

Vós sois a luz do mundo; não se pode esconder uma cidade edificada sobre um monte;

Nem se acende a candeia e se coloca debaixo do alqueire, mas no velador, e dá luz a todos que estão na casa.

Assim resplandeça a vossa luz diante dos homens, para que vejam as vossas boas obras e glorifiquem a vosso Pai, que está nos céus."

– Lindas as palavras de nosso mestre Jesus – diz Nina, emocionada.

– Sim, Nina, por muitos séculos estas palavras estão sobre a Terra e os encarnados agora voltam a ouvi-las no mundo espiritual.

– Se todos compreendessem e aceitassem isso antes, talvez essa palestra fosse desnecessária aqui no mundo espiritual – diz Nina, emocionada.

– Sim, Nina, por séculos e séculos a humanidade teve a oportunidade evolutiva, mas presa às coisas materiais, ela esqueceu-se dos ensinamentos do Messias. Mas Deus é misericordioso e oferecemos aqui uma nova oportunidade de conhecer o amor. Aliás, esse é o grande atributo de nossa colônia.

– Verdade, Mateus, se todos compreendessem o amor que Deus tem por Seus filhos, talvez a humanidade não precisasse de nós.

– Mas Deus capacita Seus filhos para seguirem sempre em frente, não é mesmo, Felipe? – diz Nina.

– Sim, compreendi isso perfeitamente trabalhando em Amor & Caridade.

Após assistirem à palestra, Nina e Felipe vão com Mateus para visitar as enfermarias da colônia.

– Vamos, Nina, quero que você conheça nossas enfermarias.

– Será um prazer, Mateus. Vamos, Felipe?

– Vamos sim.

Após pegarem outra vez o veículo de transporte, Nina, Felipe e Mateus chegam finalmente a um galpão subdividido em alas, onde milhares de espíritos repousam em macas flutuantes.

Centenas de espíritos voluntários dão o passe de refazimento nos pacientes deitados e cobertos por um lençol de cor azul-clara.

Nina fica encantada com a beleza e leveza do lugar.

– Nossa, que lugar maravilhoso!

– Gostou, Nina? – pergunta Mateus.

– Gostei não, amei! Lindo o trabalho de vocês!

– Obrigado, Nina, mas lá em Amor & Caridade vocês também têm esse tipo de trabalho, não?

– Sim, temos, mas nosso galpão de refazimento não chega nem à metade do seu.

– Isso não importa, o que importa é o amor que depositamos em nosso trabalho.

– Verdade – diz Felipe.

– Espero que tenham gostado de estar aqui, e sempre que quiserem, sejam bem-vindos à Redenção.

– Obrigada, Mateus. Agora temos que ir. Obrigado por seu acolhimento e carinho.

– De nada, Nina.

– Obrigado – diz Felipe.

Mateus leva Nina e Felipe até o veículo de transporte e se despede com um aperto de mão.

– Até breve, Nina.

– Até breve, meu Irmão.

Após algum tempo, Nina e Felipe retornam à Colônia Amor & Caridade. Logo vão à sala de Daniel para dar as notícias.

– Irmão Daniel, encaminhamos Furlan para a Colônia Redenção, seguindo suas orientações.

– Obrigado, Nina. Obrigado, Felipe.

– De nada Daniel, sempre que precisar é só pedir.

– Obrigado, Felipe. Ficou impressionado com Redenção?

– Sim, fomos muito bem recebidos por Mateus.

– Mateus é um iluminado – diz Daniel, orgulhoso.

– Sim, ele é muito gentil – diz Nina.

– Vocês tiveram a oportunidade de conhecer um pouco da colônia?

– Sim, Daniel, até assistimos a uma palestra de um iluminado.

– Verdade?

– Sim, só não tive coragem de perguntar quem era – diz Nina.

– Deixe de bobagens, Nina, você poderia ter perguntado ao Mateus. Ele, certamente, lhe teria dito quem era o palestrante.

– Fiquei encabulada.

– Bobagens, Nina – diz Daniel.

– O que mais me impressionou, Daniel, foi o tamanho da colônia.

– É muito grande, né?

– Nossa, grande é pouco, ela é enorme.

– Na verdade é uma colônia muito antiga que foi se expandindo de acordo com as necessidades, assim como nós que fomos incumbidos de administrar essa recém-criada Amor & Caridade.

– Será que um dia nossa colônia vai ficar do tamanho de Redenção? – pergunta Felipe.

– Não tenham dúvidas de que sim. À medida que a população da Terra vai aumentando, as colônias espirituais vão se expandindo para atender a tantos espíritos que de lá vêm.

– Caramba, Daniel, que legal! – diz Felipe.

– São assim as coisas de Deus, são assim – diz Daniel. – Agora vamos voltar às nossas atividades. Nina, acompanhe bem de perto Ernani.

– Pode deixar, Daniel.

– Até já.

– Até já.

– Obrigado pela oportunidade, Daniel! – diz Felipe.

– De nada, Felipe.

Todos voltam às suas atividades.

"Embora ninguém possa voltar atrás e fazer um novo começo, qualquer um pode começar agora e fazer um novo fim."

Chico Xavier

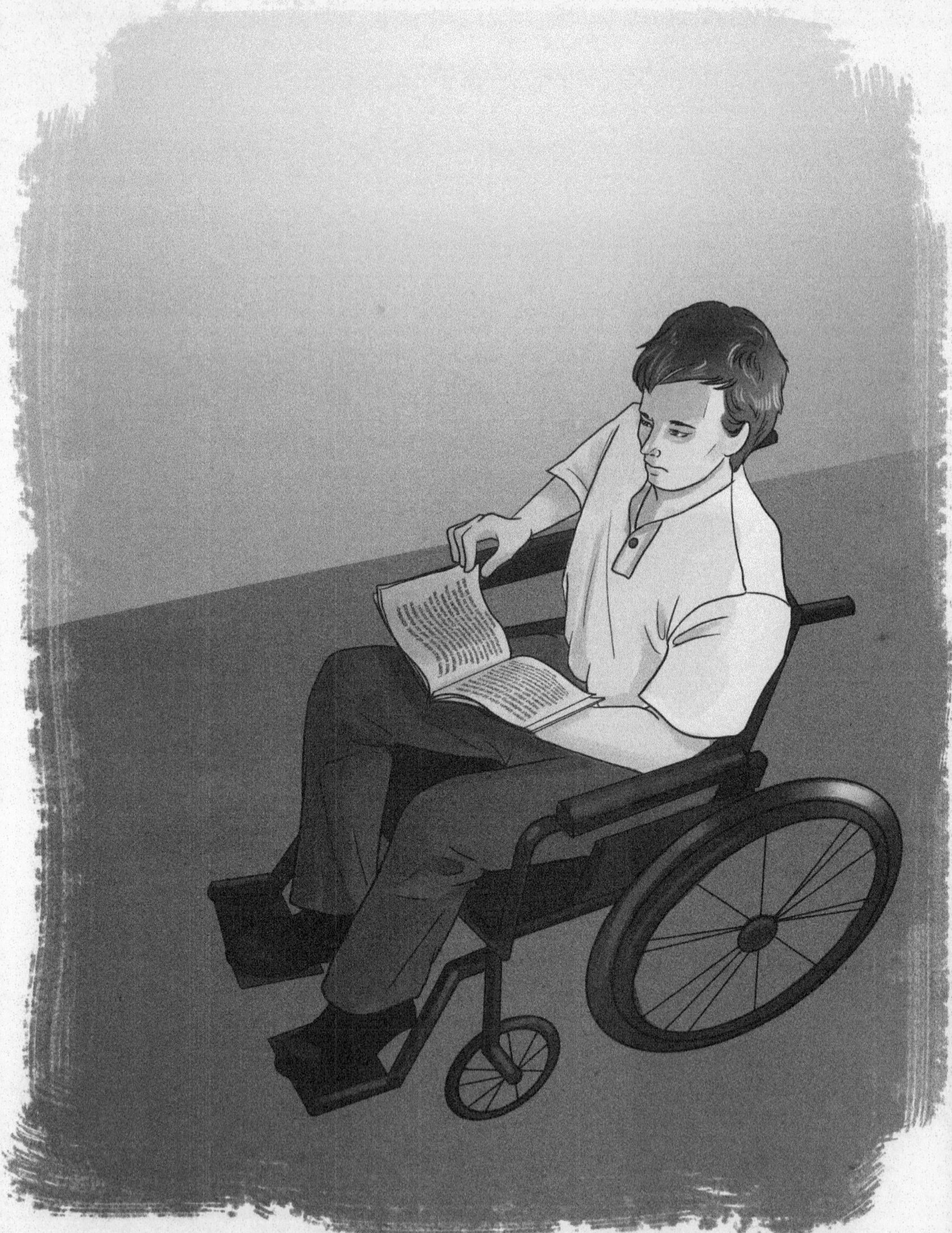

Superar-se

– Mamãe, o papai está em casa?

– Não, Ernani.

– Você conversou com ele sobre minha formatura?

– Sim, conversamos, e ele até já mandou adaptar o consultório novo que está montando para você e para sua irmã.

– Então mãe, é sobre isso mesmo que precisamos conversar: eu, você e o papai.

– O que você quer saber?

– Não é nada importante, mas eu não queria atrapalhar minha irmã.

– Como assim "atrapalhar"?

– Mãe, um consultório adaptado para um cadeirante não é um consultório para uma pessoa que anda normalmente.

– Filho, sua irmã jamais irá se importar em dividir o consultório médico com você.

– É que eu não acho justo com ela, mamãe – diz Ernani, contrariado.

— Meu amor, sua irmã te ama e quer muito ficar perto para te ajudar. Mês que vem você se forma, e já poderá atender seus próprios pacientes.

— Sim, mãe, eu me formo, mas ainda tenho que terminar minha residência médica.

— Isso você já combinou com o doutor Lemos, que gentilmente lhe ofereceu o estágio no hospital.

— Você jamais vai entender o quero dizer. Tudo bem, deixe como está – diz Ernani.

— Olha, filho, o fato de você ser cadeirante não lhe impede de ser uma pessoa normal. Eu nunca vou tratar você como um doente, ou como um aleijado, para mim você é uma pessoa normal – diz Letícia, firmemente.

— Normal seria se eu não tivesse levado esse maldito tiro.

— Normal é você aceitar este desafio e seguir em frente. Estamos aqui para superar nossas dificuldades e não adianta você ficar se lamentando pelo ocorrido, agora é vida que segue.

— Você tem uma força incrível, mãe – diz Ernani.

— Isso são os ensinamentos da minha religião que pratico com muito amor.

— O que seria de nós se não fosse você? Ainda bem que tenho você, que nunca abaixou a cabeça para nenhuma dificuldade em nossas vidas.

– Graças ao espiritismo, meu filho; graças aos ensinamentos da casa espírita.

– É, é isso mesmo. Quando o papai chegar, diga que desejo falar com ele, por favor.

– Tá bom, agora vá estudar e preparar sua tese. Faltam poucos dias para a formatura.

– Tá bom mãe, eu te amo.

– Também te amo, meu filho.

Após algumas horas, Luíza chega em casa.

– Oi, mãe!

– Oi, filha!

– Onde está o Ernani?

– Na varanda, ou no quarto, não sei bem.

Luíza dirige-se à varanda e encontra Ernani com a apostila nas mãos estudando para a prova final da faculdade.

– Oi, maninho!

– Oi, está bonita, hein? Estava na faculdade? Por que ir tão arrumada assim?

– Estávamos nos organizando para a festa de nossa formatura. O pessoal está animado.

– Que bom! Mas por que você está me procurando? Ouvi quando você perguntou por mim para a mamãe.

– Preciso conversar um assunto muito sério com você.

– Diga, o que houve?

– É sobre a Isadora.

– Ah, não me venha com assunto de Isadora, por favor, Luíza.

– Deixe de ser mal-humorado, ela ainda é apaixonada por você.

– Onde já se viu isso? Não tenho condições de ter namorada, não sou mais homem, lembra?

– Deixa de bobagens! O amor não vê essas coisas.

– Minha irmã, eu não vou voltar a namorar Isadora. Desejo sinceramente que ela siga seu caminho e arrume um bom marido e seja muito feliz.

– Meu irmão, eu sei que você ainda gosta muito dela, mas está arredio ao diálogo. Deixa eu lhe falar uma coisa. Embora eu saiba que você tem estudado muito sobre isso, nós médicos, sabemos que é possível que você construa sua família. Você pode levar uma vida normal. Você ainda produz esperma, e por meio das tecnologias já disponíveis, você poderá levar uma vida sexual normal. Existem próteses e tudo mais. Deixe de ser imaturo, homem!

– Não quero falar sobre isso, Luíza.

– Espere, por favor. Minha tese final é sobre essas descobertas da ciência. Tenho descoberto coisas fenomenais. Nos Estados Unidos, por exemplo, vários médicos vêm realizando experiências com próteses penianas que são um sucesso. Você pode ter uma vida sexual normal.

– Luíza, eu sou um aleijado.

– Que nada! Você é um homem lindo, que superou suas dificuldades e está se formando em medicina e muitas pessoas o admiram por isso. Você pensa que me engana? Mamãe já me contou que você vai todas as semanas lá no centro espírita e realiza atendimentos gratuitos para os mais necessitados, este é seu coração, Ernani! Você é bom, você é do bem e é justo que você tenha uma vida feliz ao lado de quem te ama, e tenho certeza que você ama também.

– Maninha, seu coração também reflete em sua beleza exterior. Mas não me sinto encorajado a tomar esta decisão.

– Abra seu coração para a felicidade e deixe-a entrar.

– Vou pensar sobre isso.

– Promete?

– Prometo. Agora me deixe terminar os estudos.

– Te amo muito, sabia? Olha, estou a seu lado para o que você precisar.

– Também te amo, maninha.

Ernani faz uma reflexão profunda sobre as palavras de sua irmã. Ele sabe que tem se mantido fechado por longo período, penalizando-se por sua incapacidade física. As palavras de Luíza tocam seus sentimentos mais profundos. O amor por Isadora é sincero e verdadeiro, mas o medo de torná-la infeliz o faz afastar-se de quem tanto ama.

Ernani estuda muito sobre seu problema e dedica-se a encontrar uma solução para tentar ao menos ter uma vida normal. Por mais difícil que pareça, há em Ernani uma esperança de felicidade.

Ele mantém em seu coração a chama do amor que sente por Isadora, sua antiga namorada. Sabe, por meio de amigos, que ela vive em sofrimento por sua indiferença. Várias foram as tentativas de Isadora de se aproximar e tentar reconquistar o coração de Ernani.

"Os homens semeiam na Terra o que colherão na vida espiritual: os frutos da sua coragem ou da sua fraqueza."

Allan Kardec

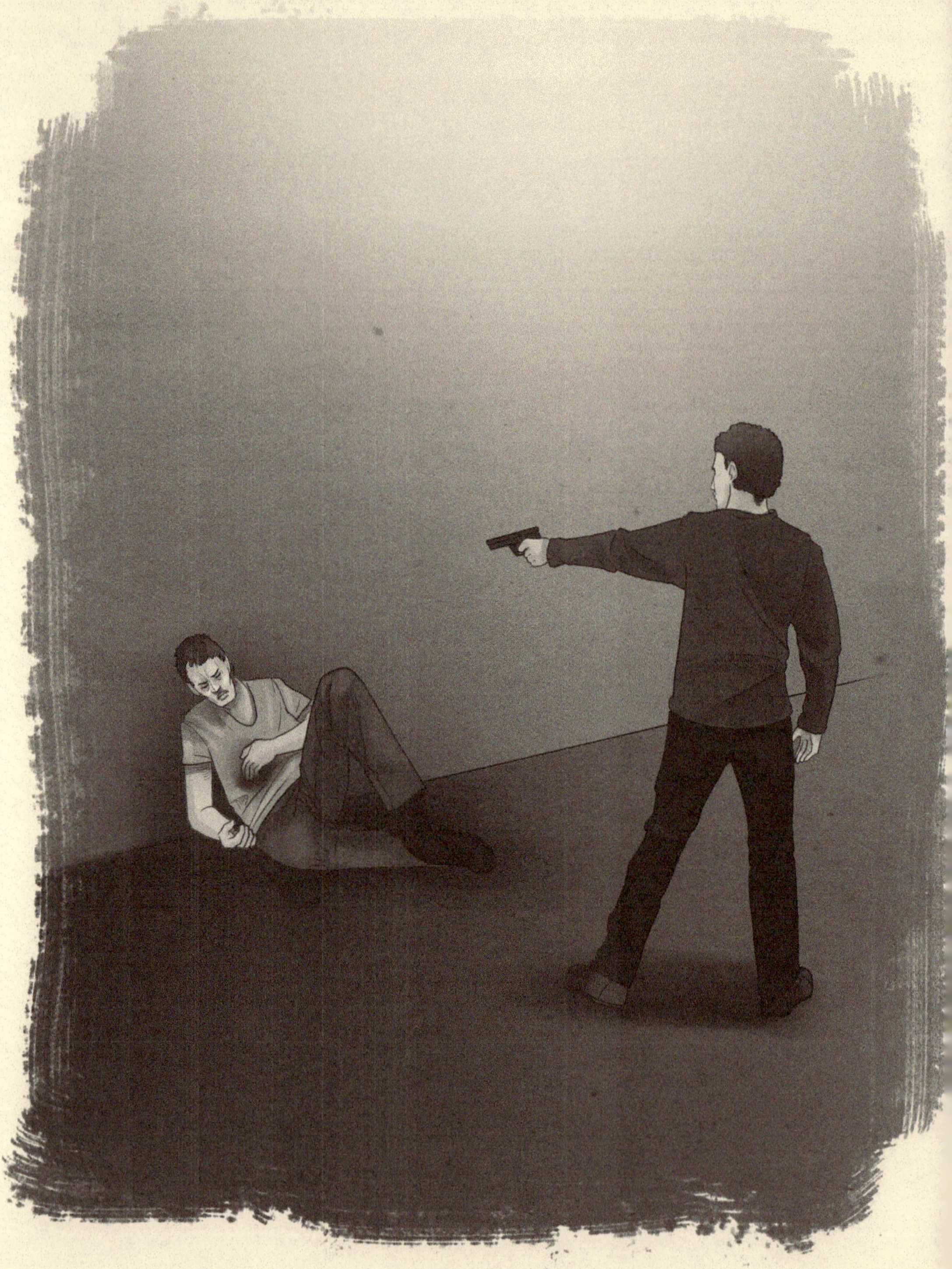

A Vingança

Geraldo, como de costume, está bebendo antes de ir para casa no mesmo bar de todos os dias. Logo, não percebe a aproximação de um estranho.

– E aí, Geraldo, lembra-se de mim?

– Desculpe-me, senhor, mas não o conheço.

– Mas eu conheço você muito bem.

– Acho que o senhor está me confundindo com alguém...

Batendo com a mão sobre o balcão o estranho ordena ao dono do bar que seja servida uma bebida para Geraldo.

– Dá uma cachaça aqui para ele, Zé.

Rapidamente o comerciante serve a bebida a Geraldo.

– Quem é você?

– Não se lembra de mim?

– Amigo, nunca vi você na vida – diz Geraldo.

– O João não falou de mim para você?

– João, que João?

– Aquele que você levou para morrer no assalto do supermercado.

– Eu não levei ninguém para assalto nenhum. Quem lhe disse isso?

– Agora você quer dar uma de santo, amigo?

– Não sei do que você está falando – diz Geraldo, assustado com o estranho homem à sua frente.

Aproximando-se de Geraldo, o desconhecido levanta vagarosamente a camisa, deixando mostrar-se um revólver.

– E isso aqui, você conhece?

Com medo aparente, Geraldo tenta afastar-se do desconhecido, que o segura pelo braço, mantendo-o próximo a si.

– Não foge não, precisamos conversar.

– O que você quer de mim?

– Acho que você foi o culpado pela morte do meu amigo João.

– De jeito nenhum! Eu não tive esta intenção.

– Como não? Você sabia de tudo, você sabia que aqueles seguranças estavam nos esperando.

– Claro que não sabia de nada.

– Olha aqui, cara, eu tenho o remédio para você.

Sacando rapidamente o revólver da cintura, o desconhecido desfere quatro tiros no peito de Geraldo, que vem a óbito imediatamente.

Uma correria se dá no bar onde os tiros acontecem e assustam todos os presentes.

Rapidamente o estranho assassino entra em um veículo, que já o aguardava dirigido por outra pessoa, e foge da cena do crime.

Zé, o dono do bar, pega Geraldo pelo braço e puxa seu corpo morto para fora do ambiente de sua propriedade temendo ser envolvido no assassinato.

Todos correm, e os vizinhos do bar chamam a polícia que rapidamente envia duas viaturas. Quando chegam ao local, as providências são tomadas para a remoção do corpo.

Amigos próximos correm até a casa de Geraldo para avisar aos familiares.

Logo sua esposa chega à cena do crime e fica chocada com a morte brutal de seu companheiro. Os filhos são afastados da cena.

A notícia chega até Flávio, que muito assustado fica sabendo por pessoas que ouviram a conversa no bar, que o assassinato se deu devido à tentativa de assalto em sua empresa.

Custa a acreditar nos acontecimentos, mas sendo solidário à família de Geraldo, é ele quem providencia todo o funeral e dá a assistência devida a toda a família do morto.

Letícia fica muito triste ao saber que Geraldo, pessoa de sua confiança, que tanto defendia, foi o algoz da desgraça ocorrida que vitimou seu filho.

Todos ficam surpresos com o relato sobre Geraldo, que informa que ele estava envolvido diretamente no assalto.

"Dai sempre o melhor de ti para a glória do Senhor."

Nina Brestonini

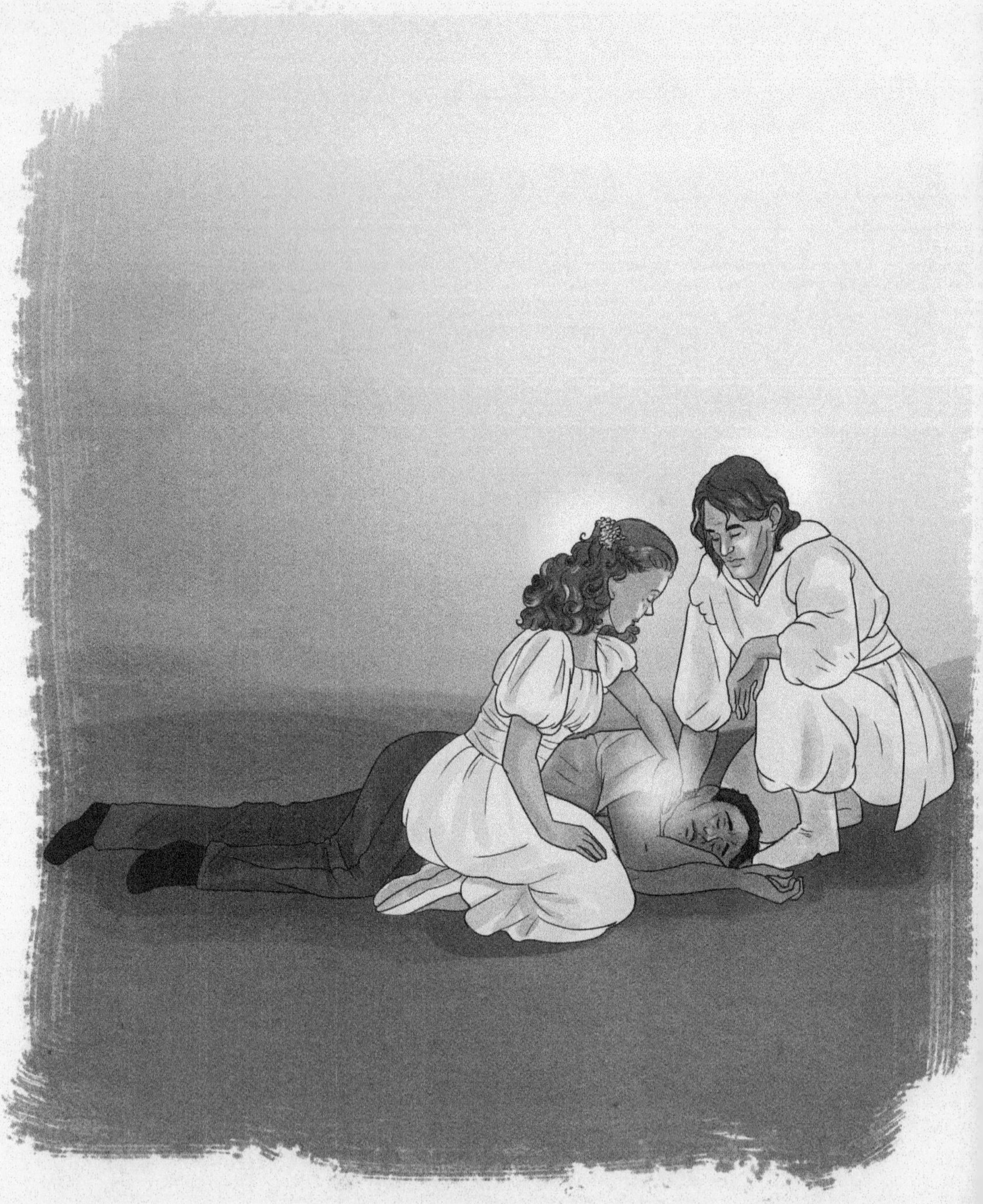

Misericórdia Divina

O ambiente é escuro e frio. Geraldo está deitado sobre um leito de capim, preparado pelo guardião que o resgatou no bar, e o mantém dormindo. Vários espíritos tentam se aproximar e zombam do agora espírito Geraldo.

– Ah guardião, mais um pobre coitado que vocês vieram buscar, né?

O guardião se mantém calado, sabe que não deve aceitar as provocações dos moradores do Umbral.

– Não vai falar nada não, guardião? Fica aí com essa luz iluminando esse idiota – risos.

– Vem, Jonas, vamos embora daqui. Essa luz está me incomodando – diz um outro espírito treval incomodado com a luz do guardião.

– Que nada cara, é só não olhar fixamente para ela. Deixa de ser otário.

– Vamos embora, cara! Você não está vendo que esses guardiões não vão nos dar confiança?

– Não vou. Vou ficar aqui e ver o final dessa história.

– Então até logo, amigo.

– Vai, pode ir – diz o espírito insistindo em ficar próximo a Geraldo.

Sentando-se próximo aos guardiões, o espírito perdido fica calado a observar a cena seguinte:

Uma forte luz aproxima-se dos guardiões e de Geraldo. Todos os espíritos obsessores que vivem naquela zona sentem-se incomodados com tanta luz. Alguns se afastam, outros se aproximam na esperança de serem ajudados pelos anjos de luz que agora estão ao lado de Geraldo.

Nina e Felipe são os espíritos que chegam para acordar Geraldo.

– Senhor Geraldo, acorde!

– Acorde, senhor – diz Felipe.

Esfregando os olhos como se acordasse de uma longa noite de sono, Geraldo está assustado.

– Quem é você?

– Me chamo Nina.

– Que lugar é esse? Onde estou? – Geraldo levanta o corpo apoiando-se nos cotovelos.

– Vim para levar você ao hospital.

– Ainda bem que não morri.

– Venha, levante-se – diz Nina segurando Geraldo pelo braço direito.

Geraldo levanta-se e se coloca de pé. Ele não sente nenhuma dor relativa aos tiros. Apenas sente seu corpo pesado e muitas dores nas pernas.

– Ainda bem que aquele cara errou os tiros. Sinto-me bem, porém com muitas dores nas pernas. O que está acontecendo comigo?

– Geraldo, os tiros lhe atingiram sim, e você agora terá a oportunidade de ajustar-se aqui, na vida espiritual. Vim para ser sua companhia até a Colônia Redenção. Lá, os médicos espirituais irão cuidar de você.

– Desculpe-me, dona Nina; desculpe-me, senhor, mas não estou entendendo muito bem. O que vocês estão falando? A senhora é uma mulher muito bonita e tal, mas que história é essa de que eu morri? Não me sinto morto! Pelo contrário, me sinto bem, tirando essas dores nas pernas. E esse índio enorme aí, o que quer de mim? Nunca vi índio assim...

– Essa sua dor é reflexo do peso de suas maldades. O que você precisa agora é reconhecer-se errado e abraçar esta oportunidade que lhe está sendo oferecida pela misericórdia divina.

– Quer dizer que Deus existe mesmo?

– Sim, Ele existe, e logo você poderá lembrar-se de suas vidas anteriores e sair do estado de incompreensão.

– Como assim, dona Nina? Como assim?

– Depois eu lhe explico melhor essas coisas.

– Eu tive outras vidas? Como assim? O que está acontecendo?

– Vidas, você já teve várias. Você já é conhecido nosso há tempos.

– Estou ficando cada vez mais confuso. Como assim "eu a conheço há tempos"?

– Este estado de perturbação é natural para os que acabam de deixar a vida na Terra. Venha, vamos seguir adiante.

– Posso confiar em você? – pergunta Geraldo, ainda assustado.

– Pode sim. Venha, vamos.

– Olha, moça, eu vou confiar na senhora.

– Pode confiar, venha, Geraldo, venha.

Nina puxa carinhosamente Geraldo pela mão direita e o conduz a um veículo de transporte que os aguarda, para seguirem para a Colônia da Redenção.

Geraldo, Nina, Felipe e os guardiões viajam até a colônia,

todos em silêncio. Geraldo fica admirando a paisagem sem entender muito bem o que está acontecendo com ele. Por vezes esfrega os olhos para melhor entender as imagens, que para ele são novidades.

Logo eles chegam à colônia e Geraldo é entregue a Mateus, que chama um enfermeiro para levá-lo até as enfermarias de refazimento, onde, com o passar do tempo, ele irá readquirir todas as lembranças e poderá, enfim, regenerar-se para sua próxima experiência evolutiva.

– Obrigado, Nina – agradece Mateus.

– Não tem de quê, Mateus, é sempre um prazer ajudar.

– Mande abraços saudosos ao meu querido Irmão Daniel.

– Pode deixar, não esquecerei.

– Vá com Deus.

– Obrigada, Mateus, e fique com Ele.

– Ah, já ia me esquecendo.

– Sim?

– Agradeça também ao Felipe.

– Pode deixar. Mateus eu sei que você é de uma experiência exemplar, mas cuidado quando Furlan se encontrar com o Geraldo. Não sei bem quais os motivos para que os dois fossem trazidos para a mesma colônia, mas Ele sabe de tudo o que faz.

– Fique tranquila, Nina, esse reencontro tem um objetivo, e nós estamos preparados para auxiliá-los a seguirem em frente.

– Obrigada, e desculpe a intromissão.

– Que isso, Nina, você é sempre bem-vinda.

– Obrigada! Tchau!

– Boa viagem!

– Obrigada.

Felipe se aproxima dos dois e intercede na conversa.

– Olá, Mateus!

– Olá, Felipe! Acabei de pedir a Nina para lhe agradecer pelo lindo trabalho.

– Obrigado, Mateus, é sempre bom poder ajudar.

– Isso mesmo, Felipe, é assim que se fala – diz Nina.

– Desculpe-me, Mateus, mas gostaria muito de tirar uma dúvida com você.

– Pois não, Felipe, pode perguntar.

Nina intercede.

– Felipe, preste muita atenção no que você vai perguntar ao Mateus, hein!

– Não é nada de mais, Nina.

– Te conheço, Felipe, você sempre é muito curioso.

– Nina, deixe o Felipe perguntar. O máximo que pode acontecer é eu não saber a resposta.

– Mas o que vou lhe perguntar, tenho certeza que você saberá me responder, Mateus.

– Pergunte, Felipe.

– Lembra-se daquele dia em que eu e Nina estivermos aqui e assistimos àquela linda palestra?

– Lembro-me sim.

– Então, quando saímos daqui, eu e Nina estivemos no gabinete de Daniel, e Nina estava muito curiosa em saber quem era aquele espírito que estava palestrando. Daí Daniel disse a ela que deveria ter perguntado a você, e que certamente você teria a resposta para ela.

– Olha, Nina, por que você não me perguntou naquele dia?

– Desculpe, Mateus, mas fiquei envergonhada em lhe perguntar.

– Pois bem, você quer saber quem era aquele espírito?

– Sim, eu gostaria muito de saber quem era aquele iluminado.

– Era Ele, o próprio Jesus, que falava àquela multidão.

– Nossa! Só podia ser Ele mesmo.

– Verdade, Nina. Ele, sempre que pode, repete para aqueles que não acreditaram em sua existência, o sermão da montanha.

– Que lindo, Mateus, que lindo!

– Viu, Nina? Não custa nada perguntar.

– É isso mesmo, Nina, sempre que tiver alguma curiosidade em saber coisas de nossa colônia, é só perguntar.

– Obrigada, Mateus. Agora vamos, Felipe, temos muita coisa para fazer.

– Sim, vamos. Obrigado, Mateus.

– De nada, amigos. Boa viagem!

– Obrigado e até breve.

– Até – diz Mateus acenando com a mão, dando adeus a Nina e Felipe, que são assistidos pelo guardião.

Nina entra em seu veículo de transporte e volta à Colônia Amor & Caridade.

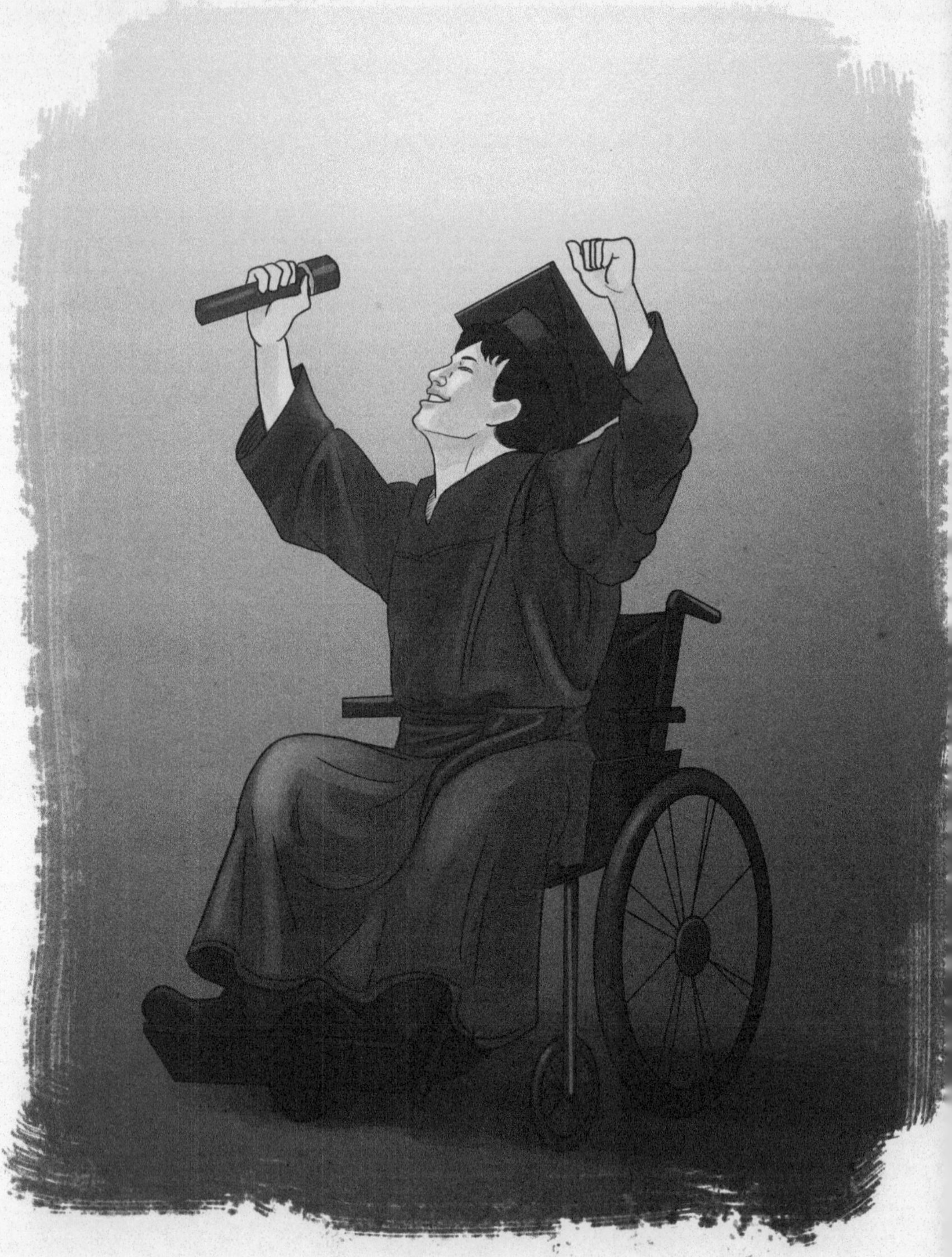

A Formatura

– Vamos, Ernani, você vai nos atrasar – diz Letícia, aflita.

– Estou terminando, mãe. Peraí.

– Anda menino, estão todos te esperando.

– Já vou, mãe.

Todos estão prontos e arrumados, a festa está pronta. Os amigos estão ansiosos com a presença de Ernani, afinal ele superou todos os desafios. E hoje é o grande dia, o dia da formatura.

Professores, mestres e a direção da faculdade prepararam uma surpresa especial para receber o ilustre aluno, que apesar de todas as dificuldades, lutou e foi determinado em formar-se médico.

Flávio, Luíza e sua avó já estão no amplo salão alugado especialmente para o evento, todos aguardam a chegada do amigo.

Isadora veste um lindo vestido branco com detalhes em azul, feito especialmente para esse dia. Em seu coração está acesa a chama do amor que sente por Ernani. Nutre a esperança de reconquistar o antigo namorado e viver com ele pelo resto da vida.

– Estou pronto, mãe. Vamos?

– Vamos, meu filho, entre no carro.

Nina, Felipe e Daniel são os convidados ilustres do mundo espiritual para o evento.

Vários espíritos iluminados estão a enfeitar o ambiente espiritual com suas luzes angelicais.

Enquanto Ernani ajeita-se no veículo que o levará à festa de formatura, Letícia vai a um pequeno oratório que mantém em sua sala, agradecer aos bons espíritos a grande vitória alcançada pelo seu amado filho.

Daniel, Felipe e Nina ouvem as preces que chegam fortes, como ondas vibratórias sobre suas auras.

– Olhe, Daniel, que lindas as preces de agradecimento de Letícia.

– Estou sentindo e vendo, Nina. Realmente ela superou minhas expectativas.

– Como assim, Daniel?

– Eu achei que depois dos acontecimentos, Letícia não manteria a fé que tem na espiritualidade.

– Esqueceu-se de que sou eu a mentora espiritual dela?

– Sempre confiei em seu trabalho, Nina.

– Então, Daniel, eu é que não a deixei desistir. Confesso, houve momentos em que pensei em desistir, mas o amor que sinto por Letícia foi mais forte, e agora estamos colhendo os frutos de sua fé e determinação.

– É verdade Nina, sem determinação e disciplina fica difícil, né?

– Se todos os encarnados compreendessem e aceitassem os ensinamentos do evangelho de Jesus, e ainda que com muita dificuldade implementassem em suas vidas a disciplina, tudo seria mais fácil para todos.

– O tempo, Nina! Lembre-se, o tempo!

– Sim, Daniel, o tempo.

– Daniel, eu gostaria de lhe perguntar uma coisa.

– Fale, Nina.

– Poxa, Daniel! Será que não poderíamos ajudar o Ernani em sua cura por meio de nossos médiuns, que realizam cirurgias espirituais, lá no Centro Espírita Amor & Caridade?

– Querida Nina, a conscientização do indivíduo sobre a causa da doença ajuda muito a acelerar o processo da cura, de forma mais consciente. O microcosmo dentro deste laboratório corpóreo (corpo físico) tem condição de se organizar com a ajuda do mundo energético ou espiritual. Podemos, sim ajudar, não só a ele, mas a muitos que necessitam desse tipo de ajuda.

– Esse tratamento independe de fé, religião, crença ou filosofia de vida. Não é isso, Daniel?

– Olha, Nina, durante o tratamento é importante que o indivíduo esteja aberto para as mudanças necessárias, é o investimento em si mesmo. O homem é um grande laboratório plasmador, receptor e emanador das energias. As doenças são plasmadas inconscientemente por meio do corpo emocional, que dos corpos, é o mais difícil de ser equilibrado. A cobrança, em todos os sentidos, tem sido o veículo das somatizações gravadas pelas suas glândulas, dependendo de como o indivíduo recebe cada emoção.

– Tenho ensinado isso todos os dias na reunião de estudos da casa espírita – diz Nina, animada com Daniel.

– Ensine isso também, Nina: considere o corpo físico como um aparelho que comporta uma carga de energia (pensamentos e sentimentos). Quando esta carga é exagerada, a hipófise (glândula pituitária) transfere o excesso desta carga para os órgãos. Na tentativa de ajudar o corpo físico a não ter um choque fulminante, a glândula divide esta carga para os órgãos. Muitas vezes eles não suportam o excesso e se danificam, gerando o aparecimento de outras doenças, e principalmente dificultando nossa intercessão a traumas causados, como o do Ernani.

Felipe ouve a tudo atentamente e intercede na conversa:

– E como podemos ajudar? – pergunta Felipe.

– É necessária a conscientização, Felipe.

– Os médicos espirituais utilizam o bastão de cristal para refazer, religar o corpo energético (corpo elétrico), auxiliando as células do corpo físico a se refazerem. Durante a cirurgia espiritual, utilizamos aparelhos energéticos trazidos do mundo etéreo (outras dimensões). Não realizamos cortes no corpo físico. Você entende?

– Entendo sim, Daniel, mas qual é o conceito?

– O conceito é o seguinte: doença e saúde são conceitos singulares, pois se referem ao estado das pessoas, e não, como se costuma dizer, de órgãos ou partes do corpo. O corpo nunca está só doente, ou só saudável, visto que nele se expressam realmente as informações da consciência. O corpo nada faz por si mesmo, disto podem certificar-se todos. Basta que observem um cadáver.

– Entendi, Daniel.

– E tem mais: o corpo de um ser humano vivo deve seu funcionamento exatamente àquelas duas instâncias imateriais, as que se denominam consciência (alma) e vida (espírito). A consciência apresenta as informações que se manifestam no corpo e que se tornam visíveis. Vale dizer que a consciência está para o corpo como um sinal de rádio está para um receptor. Tudo que acontece no corpo de um ser vivo é a expressão do padrão correspondente na sua consciência.

– Lindo, Daniel – diz Nina.

– E tem mais meus, assistentes: o pulsar do coração, a temperatura do corpo, as glândulas e os anticorpos são ritmados, mantidos, segregados e formados pelo padrão correspondente de informação, cuja origem é a própria consciência. Quando as várias funções corporais se desenvolvem em conjunto, seguindo uma determinada maneira, aparece um modelo que se sente harmonioso e que, por isso, recebe o nome de saúde.

– Se uma função falha, ela compromete a harmonia do todo e então falamos de doença. Não é isso, Daniel?

– Sim, Nina, e frisamos ainda que a doença é a perda relativa da harmonia, ou o questionamento de uma ordem até então equilibrada. A questão da perturbação da harmonia acontece unicamente em nível de consciência, que é a parte espiritual do ser.

– E o corpo? – pergunta Felipe.

– O corpo nada mais é do que a apresentação, ou o

âmbito de concretização da consciência e, consequentemente, também de todos os processos e modificações que nela ocorrem. Pode-se saber quando a consciência de uma pessoa está desequilibrada pelo fato de ela tornar visível e palpável na forma de sintomas corporais, seu desequilíbrio. Por isso deve-se afirmar que é o ser humano que está doente e não o seu corpo. Este ser humano doente, simplesmente está se mostrando doente por meio dos sintomas que são os sinais visíveis e palpáveis no seu corpo físico, porém, fruto do desequilíbrio da consciência.

– Compreendi, Daniel.

– Prestem atenção nisso – diz Daniel – *Quando uma tragédia é representada no palco, não é o palco que é trágico, mas a peça teatral!*

– Caramba, Daniel! – diz Felipe, entusiasmado.

– Pior que é a mais pura verdade – diz Nina.

– Fale-nos um pouco mais, por favor, Daniel – solicita Nina.

– Com prazer, Nina. Posso falar?

– Sim, Daniel, estamos atentos – diz Felipe.

– Assim que um sintoma se manifesta no corpo de um ser humano, isto logo chama a atenção e interrompe, muitas vezes, a continuidade do caminho de vida até então vigente. O sintoma é uma necessidade da própria consciência, que o usa para chamar atenção sobre uma perturbação que está acontecendo em seu interior, motivada por um elemento irritante, que necessita ser localizado, resolvido e consequentemente eliminado, para que a consciência (espírito) continue tendo sua trajetória plena de crescimento por meio das experiências vividas e bem desenvolvidas.

– Legal – diz Felipe.

– Naturalmente, Felipe, nem toda perturbação chega a ser um elemento irritante, que precisa ser transferido para o corpo a fim de merecer uma solução depurativa, chamada doença.

– Entendi, Daniel. Mas como isso acontece?

– Isso acontece quando o elemento irritante encontra-se entravando o perfeito entendimento da dual função do ser, transformando-se em barreiras para o perfeito entendimento de outras fases e outros estímulos necessários à continuidade do crescimento do ser. A consciência sempre capta a falta de alguma coisa, pois se nada lhe faltasse, ela estaria sadia, ou seja, perfeita e íntegra.

– Verdade, Daniel – diz Nina.

– No entanto, quando algo falta à saúde, ela não está sadia, está doente. Essa doença se manifesta no corpo como um sintoma. Então, o que se tem é a comprovação de que falta algo.

– O que falta, Daniel?

– Falta consciência, e portanto, tem-se um sintoma.

– Entendi. E a cura, como acontece? – pergunta Felipe.

– A cura acontece por meio da incorporação daquilo que está faltando, portanto, ela não é possível sem uma expansão da consciência.

– Doença e cura são conceitos gêmeos que somente têm importância para a consciência, e não se aplicam ao corpo, pois um corpo nunca pode estar doente ou saudável. Tudo o que o corpo pode fazer é refletir os estados correspondentes, e as condições da própria consciência.

– Entendi perfeitamente, Daniel.

– Obrigado, Nina.

Daniel prossegue...

– A doença não é uma perturbação essencial e, desta forma, um desagradável desvio do caminho; pelo contrário, a própria doença é o caminho pelo qual o ser humano pode seguir rumo à cura. Quanto maior a consciência, tanto melhor se cumprirão seus objetivos.

– Belos ensinamentos, Daniel.

– Obrigado, Nina. Posso lhes ensinar mais um pouco?

– Claro, Daniel, claro que sim. Prossiga, por favor.

– Nós, espíritos, temos uma intenção, e a intenção não é combater a doença, e sim usá-la como fator motriz de crescimento e compreensão das missões no planeta de evolução em que esses irmãos vivem. *Quanto maior for a compreensão, a expansão de consciência, melhor será o aproveitamento de todas as coisas que os cercam.*

– Verdade, Daniel – diz Felipe.

– Meus amados, a consciência divide e classifica tudo em pares de opostos que, quando são forçados a encará-los, eles os consideram conflitantes. Eles obrigam a estabelecer uma diferença, forçando-os a decidir, a fazer uma escolha, que nem sempre estão preparados para tal.

– E para melhor analisar, a inteligência reparte a realidade em pedaços, cada vez menores, e força-os a escolher entre eles o que os convém ou os prejudica. Quanto maior a ignorância, ou desconhecimento da grande realidade, mais a inteligência fraciona os acontecimentos, tentando nos pequenos fragmentos, uma maior possibilidade de análise, de julgamento e de lógica. Distancia-os cada vez mais da unidade de percepção, por falta de elementos para o julgamento final do que os convém. Assim podemos dizer sim a um e, ao mesmo tempo, não a outro dos elementos que compõem a polaridade, pois os opostos se excluem como todos sabem. No entanto, a cada não, a cada exclusão, reforça-se a não totalidade, pois, para obter-se a totalidade, nada poderia faltar. A unidade das polaridades significa a unidade plena, que se traduz em razão máxima do nosso ser. A unidade total está na paz eterna; é o ser puro sem tempo, sem espaço, sem modificações e sem limites.

– E tem mais: o estado de iluminação, de consciência cósmica, ou consciência plena, só é atingido quando a pessoa transcende todos os limites, permitindo que sua mente consciente e inconsciente se funda numa unidade. Porém, isso equivale à destruição completa do Eu, cuja autonomia depende da cisão inicial. É este o passo que, na terminologia cristã, é descrito da seguinte forma: "Eu (mente consciente) e meu Pai (mente inconsciente) somos um". Neste estado de consciência plena, é possível administrar todas as tempestades internas e externas da vida. Passa-se a ter total controle sobre tudo e sobre todas as outras criaturas, cuja unidade ainda não se fazem presente.

– Lindo, Daniel – diz Nina.

– Nina, nesse estado de espírito é que se encontrava o Mestre Jesus, quando passou por este plano terreno, a ensinar a viver e a despertar a consciência cósmica. Mais tarde foi imitado por Paulo de Tarso, Francisco de Assis, Gandhi, Bezerra de Menezes, Madre Teresa de Calcutá, entre tantos outros iluminados que tiveram a oportunidade de estar encarnados elevando a humanidade, transferindo a todos esses os mais sábios ensinamentos da vida eterna. E exatamente por esta característica de ampliação da consciência é que conseguiram tantos feitos em relação a si próprios, e aos outros como extensão natural. Ampliar a consciência, Nina e Felipe, significa diminuir suas dúvidas, seus estados de desconhecimentos, seus medos e suas derivações, conhecendo a si próprio e ao mundo, de forma plena e total. Todos os caminhos de cura, ou superação, nada mais são do que um único caminho que leva da polaridade à unidade. Este caminho que tanto foi ensinado pelo Mestre dos Mestres, o Cristo, a direção da polaridade para a unidade, reduzindo o máximo possível, os ciscos, os ruídos, as mazelas e a ignorância. Por isso é comum escutar dizer que nós, iluminados, somos "pontes".

– Verdade, Daniel, dia desses estava na casa espírita e um palestrante convidado falou sobre isso.

– Sim, esse é nosso maior objetivo. Somos pontes que unem à polaridade da ignorância humana, a consciência plena, a consciência cósmica total. Portanto, oração, prece, paciência, bondade, generosidade, humildade, entrega, tolerância, caridade e amor são características de consciência plenamente desperta, de unidade perfeita e de perfeito entrosamento de Deus para com o homem, portanto do Criador com a criatura. Este é o caminho da cura.

– Lindo seus ensinamentos, Daniel! Obrigada!

– O Espiritismo não será a religião do futuro, Nina, mas sim, o futuro de todas as religiões, que caminharão de forma a tornar pleno o que o mestre Jesus já pregou:

"Haverá um só povo, um só rebanho e um só Pastor".

– Obrigada, Daniel, por suas instruções cada vez mais elevadas.

– É, Daniel, obrigado – diz o agradecido Felipe.

– Nada do que digo me foi ensinado, senão a duras provas e a duras penas. Por meio de minhas encarnações consegui adquirir todos estes conhecimentos que reparto com vocês com muito amor e carinho.

– Poxa, Daniel, obrigada – diz Nina, emocionada.

– Você, Nina, poderá sim, ajudar Ernani. Mas o caminho para ajudá-lo não está em si próprio, e sim em Isadora, sua namorada.

– Como assim, Daniel? – pergunta Felipe.

– Ela pode ser o instrumento de modificação de que tanto necessita Ernani. Você pode influenciá-la a frequentar a doutrina dos espíritos e ela será a condução para a excelsa recuperação de Ernani.

– Entendi, Daniel. E assim o farei – diz Nina.

– Pela sua fé, ela o levará para o seio dos ensinamentos

cristãos, e por meio das cirurgias espirituais a que se submeterá, encontrará o alívio de sua mágoa e a cura desejada.

– Mas por que Isadora?

– Porque o caminho mais rápido para vencer qualquer obstáculo e qualquer dor é o amor.

– Oh que lindo, Daniel!

– Obrigado, Nina, obrigado!

– Muito bons seus ensinamentos, Daniel – diz Felipe.

– Obrigado, Felipe. Agora vamos prestar a atenção na festa, pois aqui vocês terão todas as respostas.

– Como assim? Em uma festa?

– Na festa, Daniel?

– Ora, vocês acham que existem locais apropriados para as coisas de Deus acontecer?

– Não, desculpe-me, mas é uma situação no mínimo inusitada para as revelações que esperamos – diz Felipe, assustado.

– Felipe, para você se conectar às coisas de Deus não precisa de nada em especial. Basta que o momento seja oportuno para Ele. É nas oportunidades que se apresentam todos os dias que vemos a obra do magnífico se estabelecer. Deus não deixa de dar oportunidades a ninguém, e muito menos escolhe ambientes para agir.

– Disso sabemos, Daniel – diz Nina.

– Agora, prestem muita atenção aos fatos e vocês ficarão muito felizes.

– Vamos sim, prestar atenção, Felipe! – diz Nina.

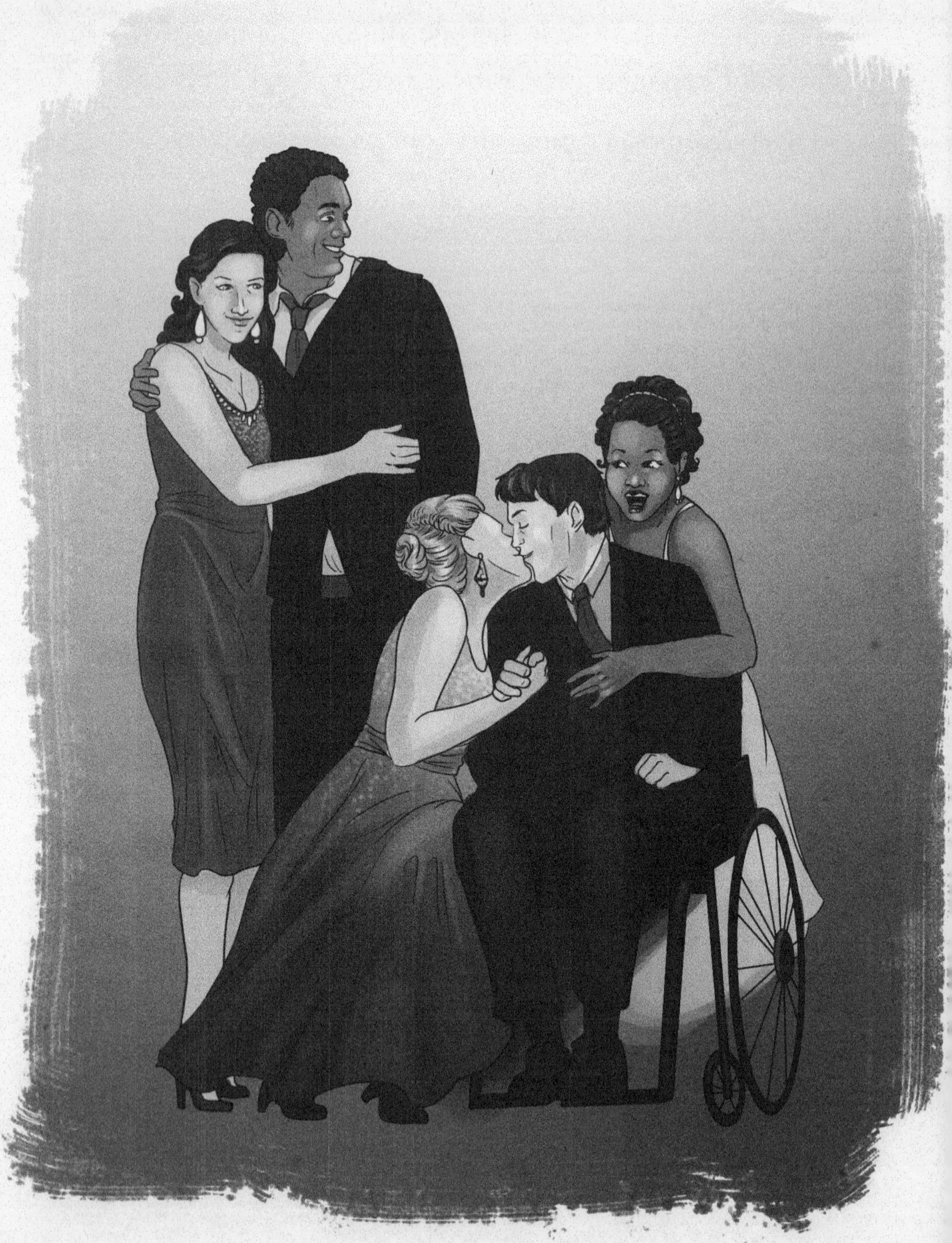

Simplesmente Amor

Letícia chega ao estacionamento da festa com Ernani.

– Chegamos – diz Letícia, manobrando seu carro.

– Mãe, você pode esperar um pouquinho? Por favor!

– O que houve, meu filho?

– Estou nervoso, mãe.

– Sinceramente, Ernani, por que você está nervoso, filho?

– Sabe, mamãe, sempre sonhei com este dia, me imaginei ao lado de meus amigos comemorando nossa formatura. Rindo, brincando, bebendo, dançando enfim, sendo muito feliz. Não quero que pense que estou triste, mas para mim é muito difícil chegar aqui hoje em uma cadeira de rodas.

– Meu amor, eu compreendo sim tudo o que está se passando em sua cabeça. E se quer saber, sou a mãe mais orgulhosa do mundo. Tenho um filho lindo, corajoso e principalmente que soube superar suas dificuldades, e hoje entra pela porta da frente de uma das mais respeitadas faculdades de medicina do Brasil.

– Obrigado, mãe, mas espere um pouquinho. Deixe eu me preparar?

– Deixo sim. Compreendo. O que quer que eu faça?

– Deixe-me aqui, só por alguns minutos.

– Está bem. Toma a chave do carro, e assim que você resolver entrar eu estarei esperando por você.

– Tá legal. Não deixe que ninguém venha para cá.

– Pode deixar que falo com seu pai e sua irmã.

– Obrigado, mãe.

– Te amo, filho.

– Também te amo, mãe.

Letícia dirige-se para o salão e logo é recebida por Flávio e Luíza, que aguardam ansiosamente a chegada de Ernani.

– Mãe, cadê o Ernani?

– Venha cá, minha filha – Letícia puxa Luíza pelo braço até irem, as duas, ao encontro de Flávio, que está de pé conversando com Fernando.

– Com licença, Fernando.

– Olá, Letícia!

– Flávio, preciso falar com você.

– Pois não. Me dá licença, Fernando.

– Fiquem à vontade.

Fernando se afasta do grupo deixando a sós Letícia, Luíza e Flávio, que percebendo o semblante ruim de Letícia, pergunta:

– O que houve, querida? Algum problema com o Ernani?

– Não sei o que houve, ele simplesmente empacou lá no estacionamento.

– Meu Deus! Vamos lá, Luíza, falar com ele.

– Nem pensar – diz Letícia, em tom áspero.

– Como assim, mamãe? Ele deve estar com vergonha – diz Luíza.

– Eu também acho que ele está com vergonha, mas isso é ele quem tem que superar sozinho.

– Poxa, mamãe, mas eu preciso dar uma força a ele – diz Luíza.

– Não, filha, é melhor não. Vamos deixá-lo sozinho para que ele supere e decida por si só. E além disso, ele me pediu para não deixar ninguém incomodá-lo.

– Sua mãe tem razão, Luíza, seu irmão já superou muitas coisas, agora é a hora da verdade. Ele precisa encarar seus amigos e em público.

– Concordo, papai. Vamos orar e torcer para ele superar este momento e vir ficar conosco.

Daniel, Nina e Felipe observam toda a cena.

– Daniel, você não acha que é hora de intercedermos pelo Ernani?

– Não, Nina, esse momento é só dele. E além do mais, seu protetor está lá fora com ele.

– Como assim? – pergunta Felipe, assustado.

– Desde que nasceu, um de nossos melhores amigos é o protetor de Ernani, e está cuidando dele neste exato momento.

– Como não sabíamos disso, Daniel? – pergunta Nina, surpresa.

– Nina, como você sabe, nem tudo nos é revelado. O protetor ou anjo da guarda, como queira dizer, de Ernani, é um amigo muito próximo a nós e ele, quando assumiu essa missão, já sabia de tudo isso que agora estamos presenciando. E uma das condições que ele me pediu foi que mantivéssemos em segredo que Ernani era seu protegido.

– Ah, já sei quem é! – diz Nina.

– Quem você acha que é, Nina?

– Tenho a ligeira impressão de que isso é coisa do Lucas.

– E você, Felipe, quem você acha que é o protetor de Ernani? – pergunta Daniel.

– Sinceramente, Daniel, cada vez que você abre a boca, mais pirado eu fico – risos.

– Felipe, leve a coisa a sério – diz Nina.

– Estou falando sério, Nina. Toda vez que o Irmão Daniel abre a boca, tenho a sensação de que nada sei ainda.

– Deixe, Nina, ele realmente é um aprendiz brilhante.

– Obrigado, Daniel – diz Felipe, emocionado.

– Conta logo, Daniel, conta!

– Calma, Nina, tenha calma e fique atenta aos acontecimentos.

– Ok, vou prestar atenção.

Ernani está só e pensativo. Sente aproximar-se de si algo diferente e especial. Sente seu corpo levitar como uma pluma que vaga no vento suave. Relaxa e decide orar. Após respirar bem fundo ele começa a balbuciar uma linda prece:

Meu Deus, tu sabes que não sou muito de reclamar com as coisas que você me fez, sei que tudo segue uma vontade maior que é Sua vontade.

Respeito e amo tudo o que tens me dado. Só de imaginar que não poderia estar aqui hoje realizando meu sonho me deixa alegre e feliz com tudo o que tenho passado.

Hoje estou prestes a assumir o mais relevante cargo que tu me destes. Hoje, só a partir de hoje, eu serei médico. E quero dedicar-me a auxiliar pessoas que como eu, desistem da vida pelo simples fato de estarem impossibilitadas de se locomoverem.

Rogo-te que me dê coragem e que seus iluminados abrandem o meu coração. Que eu consiga superar os olhares, os sorrisos disfarçados e as indiferenças. Cubra-me com Sua luz e me faça mensageiro de Sua paz. Obrigado, senhor, por tudo.

Sem perceber, o amigo iluminado está por trás da cadeira de rodas, com as mãos espalmadas sobre os ombros cansados do jovem rapaz, irradiando luz e fluidos de sabedoria e amor.

O mentor então diz em seu coração:

– Vamos, rapaz, o pior já passou.

Ernani titubeia.

– Vamos, Ernani, você é forte; e quem te ama te amará sempre pelo que você é, e não pelo que você aparenta.

Os pensamentos de Ernani agora estão por Isadora.

– Será que Isadora não irá se sentir envergonhada comigo? Será mesmo que ela me ama como todos dizem? Meu Deus, dê-me forças.

Seus olhos se enchem de lágrimas. Imediatamente seu mentor espiritual aproxima-se e derrama uma cachoeira de fluidos sobre ele.

– Quer saber? Tenho que ouvir essa voz que vem de dentro de mim e ser forte. Afinal, se as pessoas não me aceitarem como sou, tenho ainda minha mãe, meu pai e minha irmã que, não tenho dúvidas, me amam profundamente.

Imediatamente Ermai desce do carro e senta-se na cadeira que o espera ao lado do veículo, aperta o controle remoto do carro para fechar as portas e dirige-se para a entrada principal da festa. Mesmo sem perceber, seu mentor o auxilia empurrando a cadeira que desliza sem nenhum sacrifício para o rapaz.

Letícia está tensa e Luíza muito nervosa, quando percebem um pequeno tumulto na entrada do salão principal.

Todos observam quando, lentamente e com um lindo sorriso estampado no rosto, Ernani adentra o ambiente. O aplauso é geral. Os que já estavam sentados nas fileiras esperando pelo cerimonial, põem-se de pé aplaudindo a chegada de Ernani, que com gestos de alegria e sem desfazer-se do sorriso, encanta a todos.

O chefe do cerimonial fala ao microfone:

– Senhoras e senhores, recebam com aplausos, amor

e carinho o nosso querido e amado Doutor em Medicina Ernani de Filgueiras Pasquale.

Todos aplaudem eufóricos a chegada do rapaz que, sozinho, conduz sua cadeira até a fileira número três, onde estão seus pais e sua irmã Luíza.

O ambiente é de muita alegria e felicidade. A cerimônia transcorre normalmente até a chamada de Ernani.

– Senhoras e senhores, tenho a honra e satisfação de entregar agora o diploma de médico ao Doutor Ernani Pasquale.

Todos aplaudem de pé.

Lentamente Ernani conduz sua cadeira de rodas até o palco, e é ele o orador da turma.

O microfone é ajeitado e após um longo sorriso, meio de timidez, meio de vergonha, Ernani começa a falar:

– Senhoras e senhores, queridos pais, amigos e familiares. Estar aqui hoje foi um grande desafio que superei graças à ajuda de todos vocês. Saibam que sem o carinho e apoio de todos, hoje eu não estaria aqui. Não venho falar a vocês sobre minhas dificuldades e diferenças, pois não vejo nenhuma diferença entre mim e meus colegas formandos de hoje. As dificuldades que são impostas a nossas vidas devem sempre ser superadas com amor, carinho e compreensão. Foi isso que aprendi com meus pais, e é isso que quero ensinar a todos aqueles que em algum momento da vida passem pelo que passei. Hoje realizo o sonho do menino que corria pelas calçadas desta cidade, preocupado com o horário da escola. Continuarei correndo pelos corredores dos hospitais, agora não mais para perder a minha aula predileta, mas sim para salvar vidas.

Todos aplaudem insistentemente...

– Quero agradecer aos mestres desta universidade, que com dedicação, carinho e amor, tiveram a sabedoria de me ajudar a superar as horas difíceis que tive pela frente. Agradeço aos meus amigos que me acompanharam, e muito me auxiliaram para que hoje eu pudesse estar aqui com vocês. Agradeço a Jesus, espírito modelo, que encheu meu coração de esperança e fé de que somos possíveis, basta acreditar... Agradeço, em nome de todos os formados, aos pais aqui presentes, que não mediram esforços para verem seus sonhos e os sonhos de seus filhos, realizados. E por fim, quero agradecer e convidar todos vocês a, juntos, trabalharmos pelos mais necessitados, e que não tenhamos em nenhum momento falta de coragem e amor fraterno, para servirmos aos propósitos de Deus, que hoje nos forma Médicos. Obrigado a todos.

Os aplausos são efusivos. Todos estão de pé e emocionados com o discurso de Ernani.

Os amigos jogam suas cartolas para cima e todos correm até o palco para abraçar e felicitar Ernani que, emocionado, recebe com amor e carinho as homenagens.

– Que lindo, Daniel – diz Nina, emocionada.

– Lindo mesmo – diz Felipe.

– São esses os momentos mais importantes da alma – diz Daniel.

Sem precisar de ajuda de ninguém, Ernani dirige sua cadeira de rodas até o salão principal, onde a festa começa.

Isadora observa tudo de longe, sem coragem para procurar Ernani. Seu coração chora as lágrimas da rejeição. Logo, é procurada por Luíza.

– Doutora Isadora, parabéns por esse dia!

– Obrigada, Luíza, obrigada!

– Por que você está triste assim, Isadora?

– Não estou triste.

– Desculpe-me então, tive a impressão de a que vi triste.

– Você sabe que amo muito Ernani, e ele nem ao menos olhou para mim.

– Eu conversei com ele sobre vocês.

– E o que ele disse? – pergunta Isadora, curiosa.

– Ele me disse que iria pensar com carinho sobre você.

Disse que te ama e que não quer te fazer infeliz.

– Só isso?

– Só. Mas se eu fosse você, não ficaria aqui esperando uma reação dele.

– Você acha que devo procurá-lo para conversar?

– Não tenho dúvida. Vai lá e conversa com ele! Qual foi a parte que falei que você não ouviu? Eu disse que ele me disse que te ama e não quer te fazer infeliz. Acorda, amiga, acorda!

– Não sei... Tenho medo de levar um fora.

– Deixe de ser boba. Vai logo e diga para ele o quanto você o ama.

– Tenho receios, mas não consigo viver sem ele.

– Então? O que você tem a perder?

E enchendo-se de coragem, Isadora se levanta e vai até a mesa onde Ernani está sentado com os amigos.

– Senhores doutores médicos, com suas permissões, posso me apoderar do mais recente doutor em medicina?

– Sem dúvidas, doutora – diz o amigo Ricardo.

– Sem problemas – diz Adolfo.

– Obrigado, senhores. Será que podemos conversar, Ernani?

— Sim, Isadora, podemos sim. Vamos lá para fora, por favor.

Isadora acena com a cabeça, concordando com a proposta de Ernani, e sai a caminhar na frente, sem ao menos tentar tocar na cadeira de rodas.

Chegam, enfim, a um lindo jardim com flores variadas. A noite é quente, e o luar propício para os amantes. Isadora senta-se em um pequeno banco de madeira, colocado estrategicamente entre os ramos floridos de uma buganvília rosa. Ernani aproxima sua cadeira, de forma que ambos quase se tocam nos rostos.

— Desculpe-me, excedi na velocidade de minha cadeira.

— Pensei que você tivesse feito isso de propósito.

— Embora desejoso de estar perto de seus lábios, eu não tive a intenção de assustá-la.

— Você não me assustou. E e se quer saber, desejo seus lábios todas as noites, ou melhor, desejo seus lábios a todo instante.

— Você não me esqueceu? – pergunta Ernani, aproximando-se de Isadora.

— Jamais esquecerei, você é o amor da minha vida e por você sou capaz de tudo.

— Tudo o quê? – pergunta Ernani.

— Sou capaz de rasgar este diploma que acabei de receber. Sou capaz de ser sua esposa para o resto de minha vida. Sou capaz de ser a mãe mais dedicada de seus filhos. Sou capaz de dizer não ao mundo e viver em plenitude o nosso amor. Sou capaz... – os lábios de Isadora são interrompidos por um longo beijo, forte e caloroso, dado por Ernani.

Ambos trocam juras de amor eterno, abraçados na linda paisagem material e espiritual que se formou.

Letícia sai à procura do filho, junto com Luíza. E fica extremamente feliz quando vê seu filho trocando carícias com Isadora.

– Olha, mãe, olha o Ernani e a Isadora.

– Que bom né, filha? Que bom que eles se entenderam!

– Sim, mamãe, que bom! Fico muito feliz, pois tinha conversado com ele a respeito dela.

– Você é quem foi o cupido?

– Mais ou menos. Não há cupido onde não haja amor.

– Verdade, filha. Agora só falta você, né?

– Vamos mudar de assunto, mamãe.

– Que nada, já está mais do que na hora de você arrumar um namorado.

– Eu sei, mamãe, eu sei. Agora que atingi meu objetivo, vou passar a olhar para os lados – risos.

Ambas voltam para o salão, onde a festa transcorre com muita alegria e felicidade. Flávio está em uma grande mesa reunido com os amigos do centro espírita e outros da cidade.

Daniel então chama Nina e Felipe para uma conversa.

– Venham Nina e Felipe, quero lhes mostrar algumas coisas.

– Sim, Daniel.

– Aproximem-se, por favor!

– Sim, Daniel – diz Felipe.

– Fiquem atentos, que agora vai chegar o mentor espiritual de Ernani trazendo um convidado muito especial para a festa.

– Quem é? – pergunta o ansioso Felipe.

– Basta ficarem atentos. Olhem.

– Sim, Daniel.

Uma densa nuvem de cor lilás invade o ambiente. Ernani está sentado à mesa com seus pais, e a seu lado tem Isadora. Todos são envolvidos pela névoa.

De dentro dela aparecem Rodrigo, Mateus e Furlan, que apresenta-se com a fisionomia modificada e aparenta felicidade com os acontecimentos.

Nina fica extasiada com a visão. Felipe fica emocionado. Nina então pergunta a Daniel.

– Mas Daniel, eu já entendi que Rodrigo é o mentor de Ernani.

– Sim, Nina, Rodrigo é o mentor espiritual de Ernani.

– E até entendo porque ele quer manter segredo dessa proteção. Mas o que é que o Furlan está fazendo aqui?

– É, Daniel, o que é que Furlan está fazendo aqui? – insiste Felipe.

– Vocês se lembram que Furlan era o obsessor de Flávio?

– Sim, lembramos, claro que sim. Fomos nós que o levamos para a Colônia Redenção.

– Pois bem, Furlan foi o grande culpado pelo acidente que vitimou Ernani, vocês lembram?

– Sim, lembramos – concordam Nina e Felipe.

– Vocês se lembram por que Furlan perseguia Flávio?

– Sim, lembramos. Ele não o socorreu na encarnação anterior e o deixou morrer de inanição preso a um despenhadeiro.

– Muito bem – diz Daniel, que prossegue –, vocês se lembram quem era o capataz que teve a oportunidade de salvar Furlan?

– Sim, era o Felix.

– Pois bem, está vendo o Ernani?

– Sim – diz Nina.

– Pois bem, ele é a reencarnação de Felix, que junto com Nicolau, digo Flávio, decidiram resgatar as dívidas com Furlan, ajustando-se assim para seguirem em nossa colônia como operários das casas espíritas.

– Nossa, Daniel! Incrível! – diz Nina.

– Sim, Nina, esta é uma história em que todos os envolvidos decidiram pelo resgate coletivo. E sendo assim, tem que se ajustarem *antes que a morte os separe*.

– Que legal, Daniel! Como é incrível esse nosso Deus!

– E tem mais...

– Nossa, ainda tem mais? – pergunta Nina, curiosa.

– Tem sim: vocês se lembram do Ledinho, amigo fiel de Furlan?

– Sim, claro! Ledinho, o bondoso Ledinho.

– Pois bem, ali está ele ao lado de Flávio, como sua esposa fiel chamada Letícia.

– Nossa, Daniel, que lindo! – diz Nina.

– Daniel, a cada dia que passa mais me sinto feliz em fazer parte dessa colônia chamada Amor & Caridade.

– Nós é que estamos felizes em poder proporcionar a vocês todos esses ensinamentos, e lembrem-se:

Não existem acasos na lei de Deus!

Que eles fiquem em paz!

– Agora vamos voltar para a colônia, temos muito trabalho a fazer – diz Daniel.

– Vamos, Nina? – pergunta Felipe.

– Vamos, Felipe? – pergunta Nina.

– Vamos para Amor & Caridade – respondem os três.

Fim

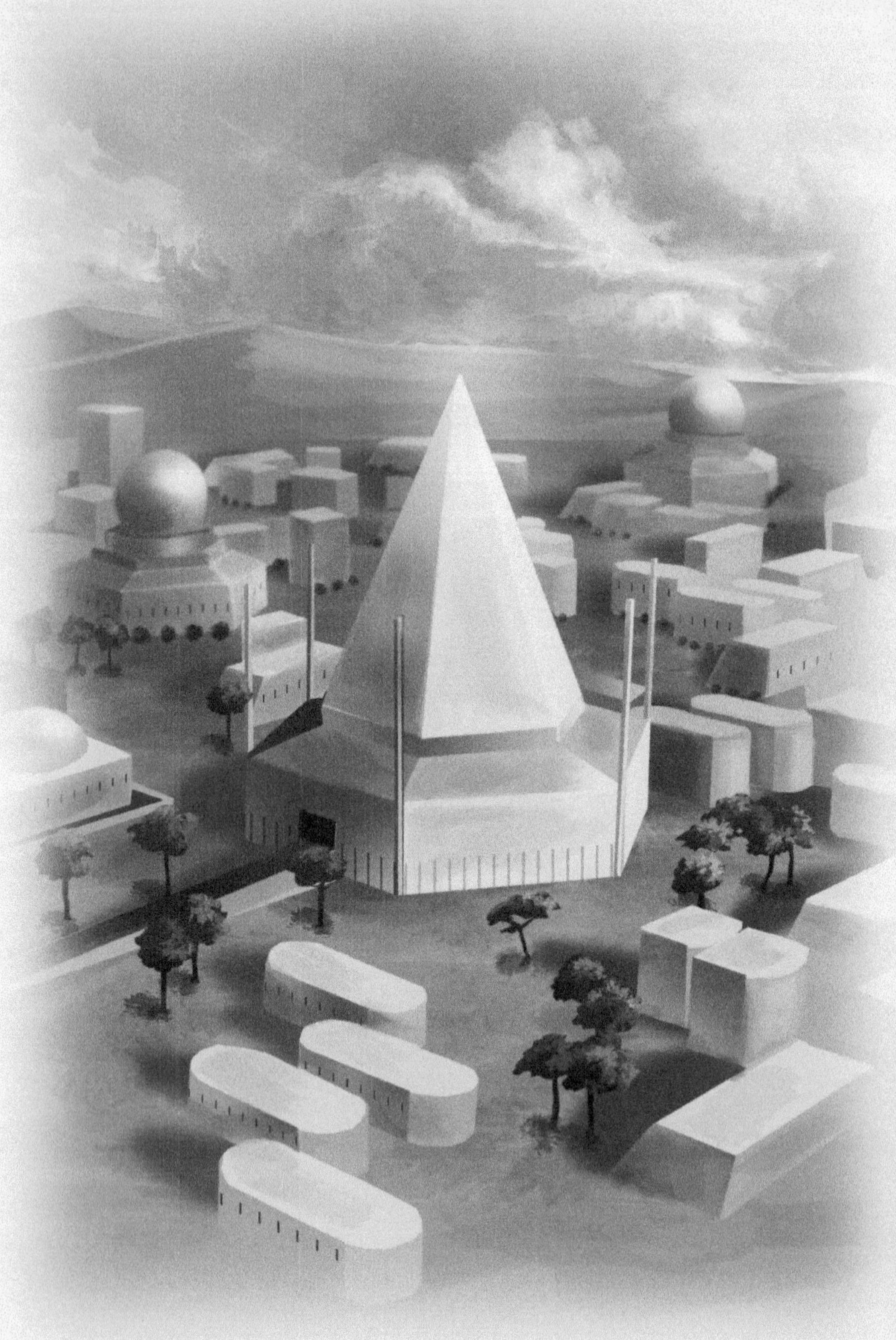

"Não se turbe o vosso coração; credes em Deus, crede também em mim.

Na casa de meu Pai há muitas moradas; se não fosse assim, eu vo-lo teria dito. Vou preparar-vos lugar.

E quando eu for, e vos preparar lugar, virei outra vez, e vos levarei para mim mesmo, para que onde eu estiver estejais vós também.

Mesmo vós sabeis para onde vou, e conheceis o caminho.

Disse-lhe Tomé: Senhor, nós não sabemos para onde vais; e como podemos saber o caminho?

Disse-lhe Jesus: Eu sou o caminho, e a verdade e a vida; ninguém vem ao Pai, senão por mim."

João, cap. 14:1-6

*Outros títulos lançados por
Osmar Barbosa*

Conheça outros livros psicografados por Osmar Barbosa. Procure nas melhores livrarias do ramo ou pelos sites de vendas na internet.
Acesse
www.bookespirita.com

Aos 24 anos de idade, uma linda jovem desencarna por causa de uma doença no coração. Exausta e muito assustada, ela acorda no plano espiritual, em uma das enfermarias da Colônia Amor & Caridade. Quando ainda se recuperava desta intensa viagem de passagem, que todos nós faremos um dia, Nina recebe o convite que transformaria toda sua trajetória espiritual: se juntar a uma caravana de luz em uma missão de resgate no Umbral. Quem será que eles tinham que resgatar? Por quê? E que perigos e imprevistos encontrariam pelo caminho? Por que nem sempre compreendemos as decisões das esferas superiores? Você encontrará as respostas para estas e muitas outras perguntas no livro Cinco Dias no Umbral.

Após um longo período em orações, Felipe consegue permissão para buscar Yara, sua mãe, no Umbral. Ele e toda a caravana partem rumo à região mais sombria existente na espiritualidade para encontrar e trazer sua amada e querida mãe de volta à Colônia Espiritual Amor & Caridade. Quais os desafios que esses iluminados irão encontrar pela frente? Quem está com Yara? Será que cinco dias é tempo suficiente para que a missão seja cumprida? Nina suportará todos os desafios do Umbral? Você não pode perder a continuação do livro Cinco Dias no Umbral. Seja você o oitavo componente dessa missão de amor e solidariedade nas regiões mais densas da vida espiritual.

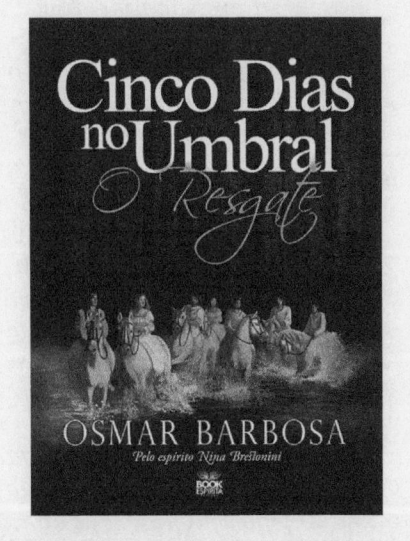

Uma história que nos completa e nos faz compreender a misericórdia divina em sua amplitude. Esta obra psicografada retrata a trajetória de um índio que, como espírito, também tem a oportunidade evolutiva. Ou índios, negros africanos, escravos etc., não são espíritos que merecem, como todos nós, filhos da criação, uma oportunidade? Esta obra é a prova viva de que Deus ama sua criação e proporciona a ela oportunidades evolutivas constantes. Como são recebidos esses espíritos na erraticidade? Existem colônias específicas para estes espíritos? Como são as colônias espirituais? Será possível eles auxiliarem na obra divina? E o amor, será que eles não amam? Quais as oportunidades? Onde estão seus familiares? Como estes espíritos podem evoluir? Para que servem essas experiências?

A prece é uma invocação: por ela nos colocamos em relação mental com o ser ao qual nos dirigimos. Ela pode ter por objeto um pedido, um agradecimento ou um louvor. Podemos orar por nós mesmos ou pelos outros, pelos vivos ou pelos mortos. As preces dirigidas a Deus são ouvidas pelos espíritos encarregados da execução dos seus desígnios; as que são dirigidas aos bons espíritos vão também para Deus.
Quando oramos para outros seres, e não para Deus, aqueles nos servem apenas de intermediários, de intercessores, porque nada pode ser feito sem a vontade de Deus.
O Espiritismo nos faz compreender a ação da prece ao explicar a forma de transmissão do pensamento, seja quando o ser a quem oramos atende ao nosso apelo, seja quando o nosso pensamento eleva-se a ele.

Posso garantir, sem medo de errar, que ao percorrer as páginas deste livro, você, meu querido amigo leitor, se sentirá caminhando ao lado do irmão Daniel e do menino Lucas pelos jardins e passaredos belamente arborizados da Colônia Amor & Caridade. Você presenciará conosco este momento único em que o sábio e o aprendiz caminham lado a lado em uma incrível troca de conhecimentos e experiências de vidas, onde é profundamente difícil definir quem está aprendendo mais com quem. Decerto, podemos afirmar que o maior beneficiado de todo este momento único na história seremos nós mesmos, meros seres encarnados, que estamos sendo merecedores de receber todo este conhecimento especial, fruto deste encontro, pelo conteúdo psicografado contido neste livro.

Diz-se que, mesmo antes de um rio cair no oceano ele treme de medo. Olha para trás, para toda a jornada, os cumes, as montanhas, o longo caminho sinuoso através das florestas, através dos povoados, e vê à sua frente um oceano tão vasto que entrar nele nada mais é do que desaparecer para sempre. Mas não há outra maneira. O rio não pode voltar. Ninguém pode voltar. Voltar é impossível na existência. Você pode apenas ir em frente. O rio precisa se arriscar e entrar no oceano. E somente quando ele entra no oceano é que o medo desaparece. Porque apenas então o rio saberá que não se trata de desaparecer no oceano, mas tornar-se oceano. Por um lado é desaparecimento e por outro lado é renascimento. Assim somos nós. Só podemos ir em frente e arriscar.

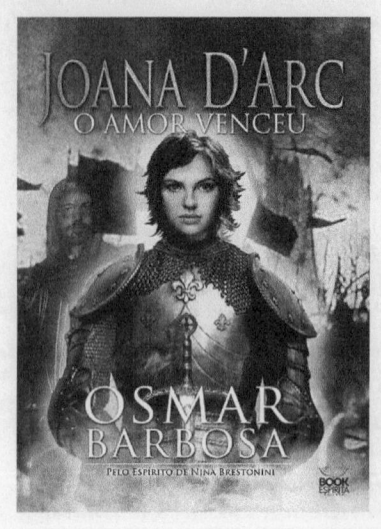

Segundo Humberto de Campos, pelo médium Chico Xavier, a última reencarnação de Judas Iscariotes na Terra foi da conhecida heroína francesa Joana D'Arc, queimada nas fogueiras inquisitoriais do século XV, conforme mensagem apresentada no livro Crônicas de Além-Túmulo.
Fiquei perplexo ao receber essa psicografia. Logo me preocupei em não discordar dos amados Chico Xavier e Humberto de Campos. Até procurei uma explicação questionando Nina Brestonini, o espírito que me passou este livro. Conheça essa incrível história de amor e superação. Não perca a oportunidade de conhecer mais um pouco dessa jovem menina querida e destemida, chamada Jeanne D'Arc.

Às vezes, encontramos muitas dificuldades em compreender nossos sentimentos. Apaixonamo-nos por pessoas que saem de nossa vida sem nos dar sequer uma última chance, sem ao menos dizer adeus, e a dor que fica, levamos pelo resto de nossa caminhada terrena. Isso é a dor da alma ferida. As separações e as perdas fazem parte da vida, mas compreender isso quase sempre é impossível. E conviver com essa dor é para poucos. Nas linhas deste livro você vai encontrar respostas para alguns questionamentos que fazemos todos os dias. O amor de Mel e Rabi atravessa linhas inimagináveis. Como se processam os reencontros na vida terrena? Estamos predestinados a viver ao lado de alguma pessoa? Na reencarnação podemos escolher nosso par?

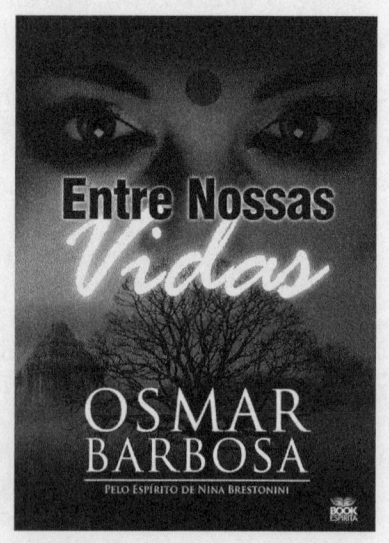

Se você está pensando em se suicidar, deve procurar saber o que acontece com um suicida logo após a morte, correto? Eu não tenho boas notícias para você. O suicida é, sem dúvida nenhuma, o ser que mais sofre após a morte.
Primeiro, você precisa saber que nada se perde neste universo. Ao morrer seu corpo volta para a Terra, e sua mente, sua consciência, seu EU, que chamamos de espírito, não desaparece. Ele continua vivo. O que dá vida a seu corpo é justamente a existência de um espírito que anima a matéria.
Então tentar se matar achando que você será apagado do universo para sempre é uma tolice. O seu corpo realmente vai desaparecer na Terra, mas você continuará existindo.

Nós já sabemos que algo está acontecendo em nosso planeta, temos a consciência de que é chegada a hora da transformação planetária tão necessária ao equilíbrio evolutivo da humanidade. Jesus nos alertou por meio da parábola do joio e do trigo, que é chegada a hora desta tão sonhada transformação. Nosso planeta está mudando. Sabemos que muitos de nossos irmãos não terão mais a oportunidade de encarnar entre nós. Eu convido você, por meio desta obra, a tomar conhecimento de como será o exílio daqueles espíritos que após receberem diversas oportunidades não se alinharam ao amor divino. Saiba como você pode se livrar de ser exilado deste orbe.

Ao longo da história já ocorreram incontáveis situações de desencarne coletivo. Ações da natureza levaram incontáveis pessoas ao desencarne. Na história recente temos presenciado situações de desencarne por outras razões, como naufrágios, acidentes aéreos, incêndios, desabamentos, ocupações de áreas de risco, terremotos, tsunamis, e outras.

É característico do ser pensante refletir sobre sua vida e sua interrupção. E por isso temos nos perguntado sempre: por que ocorrem estas situações? Por que muitas pessoas desencarnam ao mesmo tempo? Para onde vão estes espíritos? Como tudo é organizado nestas grandes catástrofes? E as crianças? Como ficam nesta hora? Podemos reencontrar nossos familiares que já desencarnaram? Por que tantas vidas são ceifadas ao mesmo tempo?

Somos livres. A cada instante, escolhemos pensamentos, decidimos caminhos, revelando o volume das nossas conquistas e das derrotas. Distraídos, alimentamos fantasias, acariciamos ilusões e brigamos por elas, acreditando que representam a nossa felicidade plena. A visita da verdade, oportuna, nos faz reciclar valores, modificar ideias, aprender lições novas, caminhar para frente, conquistando nossa tão sonhada evolução espiritual. Sempre nas mãos do amor divino, onde tudo nos é permitido.
De onde vêm os Exus?
Por que são chamados assim? Quais os desafios que encontraremos após deixarmos a vida física? Por que Exu é tão discriminado? O amor, será que o levamos para a eternidade?

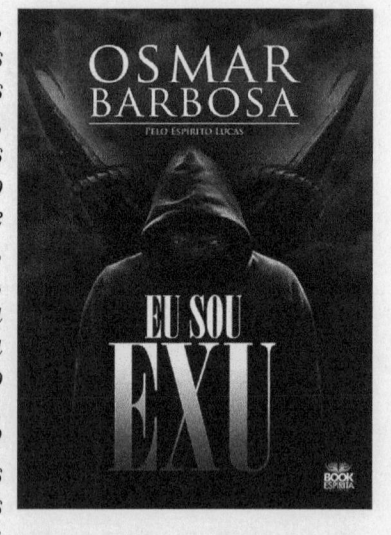

Após perder seu pai e seus melhores amigos ciganos em um massacre cruel, Rodrigo segue em uma jornada desafiadora orientado pelo seu mentor espiritual. Ele viaja para a Capadócia e Alexandria, onde encontros inesperados e perdas irreparáveis o esperam. Que caminhos deve seguir este cigano? Quais os desafios? As perdas? Será que ele conseguirá cumprir a missão determinada por seu mentor espiritual? E o amor? Quem será a cigana que o espera? Será seu destino? Você encontrará as respostas para estas e muitas outras perguntas no livro Gitano – As Vidas do Cigano Rodrigo.

Parei para pesquisar o significado de família... Família é um grupo de pessoas, que dividem o mesmo gosto pela vida. Que dividem o mesmo sentimento. Que não importa não dividir o mesmo sangue. Apenas por dividir os mesmos sentimentos... Como tudo isso acontece? Como escolhi meus pais? Meus amigos? Será que eu pude escolher os meus pais? Como os encontros são arquitetados pela espiritualidade? Por que nasci nesta família? Por que meu pai é meu pai e minha mãe é minha mãe? Por que tanta dificuldade em viver com meus familiares? Por que os casamentos se frustram? Será que sou diferente? Será que é uma bênção? Ou será um castigo? Saiba como tudo isso é organizado antes de nossa vida atual.

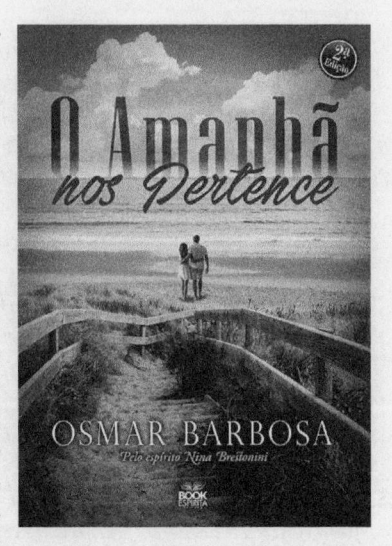

Todos nós já estamos cansados de saber que o suicídio é um caminho sem volta. Que a alma que comete o suicídio sofre muito e que essa atitude só atrasa a evolução pessoal de cada um. Como reagir à perda de um ser tão importante para nossa vida? Como reagir à morte de um filho, na tenra idade? Será que o Criador está castigando a criatura? Por que morrem nossos filhos? Por que morrem as pessoas que mais amamos de forma tão trágica e dolorosa? Será que Deus pode nos livrar de um suicídio? Neste livro você encontrará respostas para essas e tantas outras questões que envolvem a maternidade e a convivência familiar. E para brindar nossos leitores, no final desta linda história psicografada, você recebe algumas cartinhas de crianças que desencarnaram e se encontram na Colônia Espiritual Amor e Caridade.

Somos o resultado de nossas escolhas e de nossa coragem, de nossas experiências e aprendizados. Aqueles que têm pouca fé se transformam em alvo fácil dos que buscam escurecer a luz da verdade. Mas aqueles que creem com fervor, esses são assistidos diretamente pelos espíritos mais puros dos universos de luz, por anjos guardiões enviados diretamente por Deus.
Neste livro você vai conhecer o Fernando, que sofre desde menino por ser homoxessual. Sua irmã Raquel tenta a todo custo auxiliá-lo a enfrentar o preconceito, as diferenças e acima de tudo a dificuldade familiar. A escola? A rua? As festas? Por que meninas estão beijando meninas e meninos estão beijando meninos? Como lidar com essas diferenças? Como é ter em casa dois filhos homossexuais?

Existe vida após a morte? Qual é o motivo da vida? De onde viemos? Para onde vamos? Quem sou eu? Por que nasci nesta família, neste continente, neste país? Por que o meu pai é o meu pai, e a minha mãe é a minha mãe? Meus irmãos, quem são? E minha família? Por que eu estou aqui? Por que neste corpo, nesta pele, falando este idioma? Tudo termina com a morte? Deus existe? Ao acompanharmos a trajetória de Nicolas, iremos compreender muitas coisas. Vários porquês serão respondidos neste livro. O mais importante para mim, como escritor que psicografou esta obra, é chamar a atenção de todos os leitores para a necessidade de trazer para dentro de nossa alma a compreensão de que somos ainda aprendizes dessa nova era.

Algumas vezes ficamos sem entender muito bem as coisas que nos acontecem. Ficamos desolados e tristes com as dores que vivenciamos, e na maioria das vezes estamos de pés e mãos atados, vivenciando dramas sem que nada possamos fazer. De onde viemos? Para onde vamos? Qual o objetivo de Deus quando nos impõe provas tão duras? Será que é Deus quem determina o sofrimento? Você é meu convidado a experimentar e descobrir como tudo isso acontece e como os bons espíritos podem nos ajudar revelando para nós, O Lado Oculto da Vida.

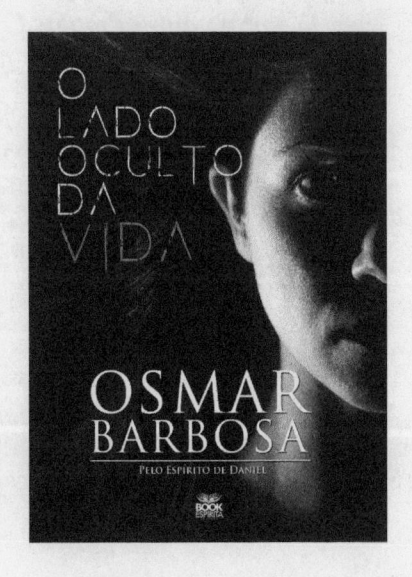

Ser médium é a coisa mais divina que nos pode acontecer. Quando você compreende e se preocupa em como vai usar esse privilégio, tudo a seu lado se torna divino. "Não dá para brincar de espiritismo, não dá para brincar de ser médium."

Quantas perguntas, quantos questionamentos invadem o nosso ser mediúnico neste momento! Eu tive a oportunidade de passar alguns dias ao lado desses espíritos amigos que humildemente me explicaram como tudo isso acontece, como tudo funciona. Eu espero sinceramente, que as respostas dadas aos meus questionamentos satisfaçam a sua curiosidade e lhe direcionem ao caminho que eu já encontrei. Mediunidade é coisa divina, e sendo divina, divinamente devemos tratá-la, respeitá-la e exercê-la.

Como funcionam as Colônias? Quais os objetivos do Criador quando criou os mundos transitórios? O que os espíritos fazem no dia-a-dia das Colônias? Quem são os espíritos que merecem viver lá? Será que eu poderei ficar em uma Colônia? Quais os méritos que eu preciso ter para viver e trabalhar em uma Colônia Espiritual? Onde são essas cidades? Quem as dirige? Meus familiares estão lá? O que eu preciso fazer para conquistar meu espaço no mundo espiritual? Quais as mudanças que eu preciso fazer para viver feliz no mundo espiritual?

Você encontrará as respostas para seus questionamentos nas páginas deste livro. Sejam bem-vindos à Colônia Espiritual Amor e Caridade – Dias de Luz.

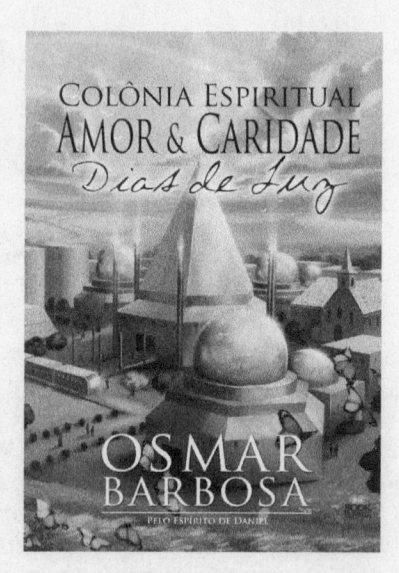

BOOK ESPÍRITA
EDITORA

Esta obra foi composta na fonte Century751 No2 BT, corpo 13.
Rio de Janeiro, Brasil.